QUÉ DICE LA GENTE DE
DESPEJE LA PLATAFORMA . . .

"*Despeje la plataforma* no es sólo otro libro 'de instrucciones' para los pastores. Tiene gran cantidad de sugerencias prácticas para aplicar en el liderazgo y en la adoración. Lo que me inspiró profundamente es cómo Scott Wilson y John Bates me dirigieron al Señor, recordándome de su poder y de su gloria, y me animaron a 'dejar a Dios ser Dios' en nuestros cultos de adoración. Esta es una lectura que todo pastor y líder debe leer".

　　Reverendo Wilfredo "Choco" De Jesús, pastor principal de New Life Covenant Church, Chicago, IL, y autor de *Fe asombrosa* y *En la Brecha*

"Muy a menudo, los pastores están buscando 'el próximo gran suceso' para aplicar en sus iglesias. En *Despeje la plataforma*, Scott Wilson y John Bates miran hacia atrás y hacia adelante. Ellos nos llevan nuevamente a la belleza y el poder de nuestras tradiciones, y nos muestran la necesidad de confiar en la dirección del Espíritu en el culto actual".

　　Mark Batterson, autor de mayor ventas del *New York Times* de *El hacedor de círculos*.

"Lo que me gusta de *Despeje la plataforma* es que alienta el modelo 'inclusivo'/en vez del modelo 'selectivo'/de la iglesia en la que me crié. Permanezco pentecostal sin temor y estoy totalmente de acuerdo con el mensaje de este libro: cómo tener una iglesia saludable basada en la Biblia, guiada por el Espíritu y llena del Espíritu. Muchas de estas experiencias se asemejarán a las suyas y muchas otras serán únicas, pero todas serán alentadoras y para mejorar".

Dr. Sam Chand, autor de *Leadership Pain: The Classroom for Growth* [Liderazgo del dolor: El Aula para el Crecimiento], www.samchand.com

"Con pasión, claridad, convicción, y verdad inquebrantable, Scott Wilson y John Bates nos dirigen de nuevo a los cultos guiados por el Espíritu que producen vidas guiadas por el Espíritu a una causa por la cual vale la pena dar la vida. *Despeje la plataforma* lo iluminará a verdades que desencadenan una aventura que cambiará al mundo con Dios y a su iglesia".

Obed Martínez, pastor principal de Destiny Church, fundador de PassionatePastors.com

"Sé de primera mano lo importante que es estar dispuesto a la obra del Espíritu de Dios en el ministerio. Si usted es un pastor o un líder que quiere dejar de lado la pesada carga de jugar el papel central en la planificación y la orquestación de la experiencia de la adoración, *Despeje la plataforma* es para usted. Este oportuno libro de Scott y John está lleno de enseñanzas para restaurar el poder distintivo del Espíritu en la adoración moderna, alentando a todos los participantes en el ministerio a dejar y a permitir que Dios se mueva en el corazón de su pueblo".

Rob Hoskins, presidente de OneHope

"*Despeje la plataforma* no es para pastores y líderes que están satisfechos con las cosas como están, es para los que tienen la carga de ver a Dios moverse en nuestro 'día a día' a través del poder y la presencia del Espíritu Santo. Este libro es cuantificablemente práctico y verdaderamente inspirador. Se establece un nuevo listón para todos los líderes que nos enfrentamos al hecho de que para ser verdaderamente exitosos debemos dar espacio a Dios en todos los aspectos de nuestra vida. Recomiendo encarecidamente este excelente libro de fácil lectura para aquellos que están interesados en la obra del reino y están ocupados con el mandato presentado por Habacuc 'para ver el conocimiento de la gloria del Señor cubrir la tierra como las aguas cubren el mar'".

Ossie Mills, director ejecutivo de Empowered21

"La tendencia actual de los cultos altamente creativos y bien producidos a menudo puede obrar en contra de los momentos espontáneos y soberanos del Espíritu. Si hay algo que nuestras iglesias necesitan hoy, es el poder manifiesto de Dios moviéndose de manera sobrenatural en nuestros cultos. Scott y John hablan honestamente sobre el viaje de despojarse de cualquier cosa y de todo lo que podría distraer la atención de lo que es más importante. *Despeje la plataforma* lo alentará a ceder a los susurros del Espíritu y a disfrutar de la libertad que viene al dejar que Jesús sea el centro de todo".

Scotty Gibbons, estratega del ministerio nacional de jóvenes de las Asambleas de Dios/Mi Iglesia Saludable

"Cuando un autor escribe desde la perspectiva del encuentro personal, las páginas del libro no sólo contienen información valiosa pero, aún más importante, sirven como una brújula para todos los que caminan por el mismo sendero. El mensaje en las páginas de *Despeje la plataforma* me ha conmovido considerablemente y oro por una generación de creyentes que tomen el carácter inmutable de Dios, las Escrituras, y la fluidez del encuentro basado en la cultura y corra con ellas. Scott y John ejemplifican el sacrificio que algunos harán y el hambre que todos deberían tener para ver la presencia del Espíritu impactar en las multitudes de manera muy práctica".

Heath Adamson, director del Ministerio de Jóvenes de las Asambleas de Dios/Mi Iglesia Saludable y autor de *La zarza siempre arde.*

"¡*Despeje la plataforma* es excepcional! ¡Es una lectura obligada! En este día de creciente complejidad, se requiere simplicidad. Hechos 3:19 declara que "vengan tiempos de descanso" en el Espíritu. Estos momentos requieren la humildad de los líderes de la iglesia: ¿Está dispuesto a dejar que Dios sea justo? Ellos requieren flexibilidad: ¿Está dispuesto a ajustarse? Y que requieren agilidad: ¿Está dispuesto a caminar nuevos caminos? Scott y John abordan estas preguntas con claridad".

Gerald Brooks DD, Grace Outreach Center; autor de *Undersatanding Your Pain zthreshold* [Comprender su umbral del dolor].

"Soy testigo de la transformación de *The Oaks Fellowship*. Scott Wilson podría haber sido cauteloso y quedarse al frente de su bien conducido culto del domingo por la mañana. Pero abrió su corazón y su iglesia al movimiento del Espíritu Santo y vio el poder de Dios. Si tiene hambre por la renovación de su vida o de su iglesia, este libro le dará el valor para buscarla. Todo lo que se requiere es darle una oportunidad a Dios".

Dr. Earl Creps, Doctorado en el ministerio, Pastor, fundador de iglesias, autor de *Off-Road Disciplines* [Disciplinas todoterreno] y *Reverse Mentoring* [Tutoría inversa]

DESPEJE LA PLATAFORMA

DÉ LUGAR A DIOS

SCOTT WILSON Y **JOHN BATES**

Portada por PlainJoe Studios www.plainjoestudios.com
Diseño interior por Anne McLaughlin
Traducción al español por Grupo Scribere, www.gruposcribere.com

ISBN: 978-1-68154-013-9
Impreso en los Estados Unidos de América
18 17 16 15 • 1 2 3 4

Este libro está dedicado a las personas valientes de *The Oaks Fellowship*. Siempre estaré agradecido por su apoyo y aliento. Gracias por vivir las páginas de este libro y dejar que Dios continúe escribiendo nuevos capítulos en nuestra iglesia. Podrían haber escapado cuando Dios comenzó a transformar nuestra iglesia, pero no lo hicieron. En lugar de eso, ¡apoyaron por completo!

—*Scott Wilson*

Este libro está dedicado a los que participan en el ministerio de oración de *Freedom Fellowship International*. Ustedes valientemente han elegido poner las necesidades de los demás por encima de las suyas. Ustedes no sólo entienden la libertad en Cristo, ustedes la modelan humildemente para otros. Sus oraciones incansables y desinteresadas hacen del Reino de Dios un lugar mejor. ¡Gracias por ser ustedes!

—*John Bates*

ÍNDICE

PRÓLOGO

Líderes jóvenes. Me encuentro con líderes de todo el mundo todos los días. Son brillantes, conocedores de la tecnología, apasionados de corazón, y comprometidos con la autenticidad absoluta. Estos potenciales transformadores del mundo anhelan genuinas expresiones de la fe cristiana carentes de pretensión o autopromoción. Ellos comprenden cada vez más que debemos salir fuera del molde para que la plenitud del Espíritu pueda fluir a través de nosotros. Ellos están confiando en Dios para que cree una vida espiritual completamente verdadera, vibrante y orgánica en sus iglesias, en sus familias y en su vida…algo natural sobrenatural.

Estos líderes comparten sus luchas de manera rápida, para celebrar sus victorias. Están convencidos que una sinceridad rigurosa es la base para una verdadera experiencia de la presencia, el propósito y el poder del Espíritu. Este tipo de sinceridad los baja del pedestal y los hace accesibles. Esta nueva generación de líderes emergentes generalmente no se ven a sí mismos como superestrellas, sino como hombres y mujeres cuya función principal es equipar a otros para servir con gozo y con eficacia. Como los pastores Scott Wilson y John Bates señalan, todo el mundo tiene una llama; todo el mundo es enviado por Dios para vivir, amar y servir. Scott y John entienden estos principios vitales del reino y viven por ellos.

La iglesia de Scott es un punto central en un paisaje cristiano estadounidense que con frecuencia vive de los accesorios, el entretenimiento y las últimas tendencias culturales. El mover refrescante del Espíritu Santo en la vida de

Scott y en *The Oaks* promete tener un profundo impacto en una nueva generación de líderes. Mi oración es que lo que Dios está haciendo en *The Oaks* se extienda en todos los Estados Unidos y alrededor del mundo. Necesitamos desesperadamente encuentros auténticos y transformadores con el Espíritu Santo en el siglo XXI. Este libro nos lleva por la nueva y la antigua ruta de la honestidad y la sinceridad que explota en los momentos de Dios donde el cielo toca la tierra y somos cambiados. Estos encuentros en el altar de la honestidad nos darán el valor para derribar cualquier altar de hipocresía que hemos construido.

Ya está sucediendo. Lo sé porque lo he visto. Recientemente Scott habló con los estudiantes de la Universidad Oral Roberts. Les compartió cómo Dios lo dirigió a despejar la plataforma de su corazón y dar lugar para que Dios se mueva en su iglesia. Cuando Scott habló, el Espíritu Santo obró. Después de su mensaje, cientos pasaron al frente para reunirse con él y con nuestros capellanes para pedir oración. Estos estudiantes y futuros líderes se sintieron conectados con el mensaje de Scott para dejar atrás todo lo que pueda obstaculizar y experimentar la plenitud del Espíritu, incluso lo bueno que ha tomado el lugar de Dios en el centro de sus afectos. Para nuestros estudiantes y el personal, fue un encuentro guiado por el poder del Espíritu, uno que tendrá un impacto en ellos para el resto de su vida. Yo, también, fui guiado a buscar en mi propio corazón todo lo que he permitido que sutilmente ocupe el lugar de Cristo. Fue un gran día para que todos nosotros *despejemos nuestra plataforma*.

Estoy igualmente agradecido por la vida de John y su ministerio. Sin su honestidad, valentía y amor tenaz por

Scott, las cosas que Dios está haciendo en y a través de Scott en *The Oaks* no estarían sucediendo. Todos necesitamos a alguien como John para alentarnos y desafiarnos. Puede que no siempre queramos oír una palabra profética, pero necesitamos desesperadamente a alguien que nos ame lo suficiente como para decirnos la verdad. No se pierda esta historia en su libro. La fuerza de su relación es uno de los catalizadores de la poderosa licitación, la obra de Dios, que cambia la vida.

Estos dos líderes y sus mensajes son de vital importancia para la iglesia de hoy, en nuestro país y alrededor del mundo. A dondequiera que viajo y en todas las cartas y correos electrónicos que recibo, veo a líderes que tienen sed de expresiones auténticas y llenas del Espíritu. Los odres viejos no contendrán el vino nuevo. Estos líderes necesitan una nueva visión, un nuevo vocabulario, y una nueva relevancia en sus contextos culturales. Necesitan *despejar la plataforma*. El mensaje de este libro les da, esperanza de que Dios les permitirá moverse en los dones para que el poder sobrenatural y el amor de Dios transforme vidas, pasos claros y prácticos que pueden dar, ya que confían en Dios en esta búsqueda.

Las iglesias locales, las comunidades y las personas de todo el mundo están esperando por líderes cristianos que sean lo suficientemente humildes como para despejar cualquier cosa que dificulta la plena expresión del Espíritu de Dios. . . y lo suficientemente desesperados como para invitar a Dios a hacer lo que sólo Él puede hacer. Espero que usted sea uno de estos líderes.

—Dr. Billy M. Wilson, presidente de la Universidad Oral Roberts

MOMENTO CRUCIAL

UN NUEVO DÍA

Los principios y prácticas en este libro son producto de una relación poderosa y desafiante. Las Escrituras nos dicen que Dios obra con más frecuencia y con más fuerza a través del «hierro que se afila con el hierro», es decir, conexiones vulnerables, inspiradoras y honestas con otros creyentes. Realmente, no es necesario tener un centenar de esas relaciones, pero sí necesitamos unas pocas. El libro que usted sostiene en sus manos es resultado de este tipo de conexión.

En este capítulo, los dos contaremos la historia de cómo nos conocimos y cómo nuestra relación personal comenzó a desarrollarse. Las palabras de Scott serán del capítulo 2 al 9, y John será quien hable en los capítulos 10 al 15. Luego, en el último capítulo, ambos compartiremos nuestras esperanzas.

DE SCOTT...

La pregunta de John me dejó tambaleante.

Me preguntó: «Scott, ¿le darías a Dios un minuto?»

Era el año 2012. Yo había salido a desayunar con mi buen amigo y compañero, el pastor John Bates. Esa mañana me había llamado urgentemente con el mensaje: «Scott, ¡tenemos que vernos!»

Con los años, había llegado a confiar en John y sus discernimientos espirituales. Él camina con Dios con una unción profética y yo había aprendido a escucharlo cuando hablaba. Sin embargo, esa mañana durante el desayuno, su pregunta me confundió. Pensé al instante: *Por supuesto que voy a darle a Dios un minuto. Yo le he dado mi vida, ¿no es así? Todo lo que tengo le pertenece a Él.* Pero sospechaba que no era eso lo que John me estaba pidiendo. De alguna manera, la pregunta parecía más profunda... más significativa... más amenazante.

John respiró profundamente e insistió. Podía darse cuenta, por la mirada en mi rostro, de que realmente yo no entendía lo que me preguntaba. Entonces, lo reformuló así: «Scott, ¿le darías a Dios un minuto del culto del domingo por la mañana?»

De repente me di cuenta de que estaba desafiando mi liderazgo, mi estilo, y aún más, mi identidad como el tipo de pastor en que me había convertido. Lo del tiempo, sin embargo, aún me parecía muy extraño. Acababa de comenzar a impartir una nueva serie de estudios titulada «Abiertos». Irónicamente, trataban acerca de escuchar la voz de Dios. La pregunta de John me sacaba de mi bien aislada zona de confort.

Inmediatamente pensé en varias respuestas fáciles y rápidas para contestar su pregunta, pero me di cuenta que ninguna funcionó. En cambio, vinieron muchas otras a mi mente:

- ¿Cuánto dependía yo de mi estilo para liderar y enseñar en vez de depender del Espíritu?

- ¿Estaba dispuesto a confiar en Dios en vez de confiar en mis propios instintos cuidadosamente afinados de pastor?

- ¿Estaba listo para que «Abiertos» fuera la descripción precisa de la manera en que nuestro corazón respondía a Dios?

- ¿Estaba dispuesto para que fuera una descripción exacta de *mi propio corazón*? Y finalmente:

- ¿Estaba dispuesto a confiar en Dios para que guiara, formara y empoderara los cultos del domingo por la mañana en mi iglesia, *The Oaks*?

Pensé que estaba avanzando en buena medida en cuanto a procesar la pregunta, pero John no dejaría de insistir. Entonces, fue más profundo:

—Permíteme decirlo de otra manera. Estás diciendo solamente: «Bueno Dios, aquí está mi plan para el culto. ¿Podrías bendecirlo?»

Yo sabía bien eso y reaccioné con poco más que un toque de actitud defensiva.

—¡No! ¡Eso no es lo que yo quiero! ¡De ninguna manera! —me calmé, respiré profundo y expliqué—: ¡Yo quiero el plan de Dios porque sé que ya viene con su bendición!

Su siguiente pregunta me dejó tambaleando.

—Pero Scott, ¿realmente estás viviendo de acuerdo a eso?

—¿Qué quieres decir? —le pregunté.

Antes de que dijera otra palabra, mis pensamientos se remolinaban. ¿Acaso pensaba John realmente que yo preparaba los cultos en *The Oaks* sin contar con Dios... y pensando que eso estaba bien? Desde luego que no creía que fuera cierto. Yo oraba y me preparaba por varias horas cada semana. Estudiaba y ensayaba para asegurarme de que estaba completamente preparado para los cultos de cada domingo. ¿Qué más querría Dios de mí?

Entonces, al igual que un profeta del Antiguo Testamento, John fue hasta el final y puso sus cartas sobre la mesa.

—Scott, te estoy diciendo ahora mismo lo que siento que Dios te está diciendo. Me está diciendo que estás yendo ante Él con tus planes y tus ideas, y le estás diciendo: «Bueno Dios, derrama tu unción sobre esto. Glorifícate en este culto. Por favor, obra en la vida de las personas» —John se movió en su asiento y me miró directamente a los ojos—. Scott, ¿cuándo fue la última vez que te mantuviste callado en el culto y le diste un minuto a Dios? ¿Cuándo fue la última vez que realmente le diste a Dios la oportunidad de hablar en uno de tus cultos?

> Dios me estaba pidiendo que «despejara la plataforma» para que su Espíritu obrara con poder y amor en nuestros cultos.

Así que era eso. Habíamos llegado al centro del asunto. Finalmente entendí. Dios había enviado a mi amigo John para desafiarme hasta lo más profundo de mi alma. No se trataba de un programa o un estilo de adoración, de mi enseñanza, o del orden del culto en nuestra iglesia. Se trataba de mi corazón, de mis esperanzas, de mi fe y de mi identidad como pastor. Dios me estaba pidiendo que «despejara la plataforma» para que su Espíritu obrara con poder y amor en nuestros cultos. Dios me estaba pidiendo que le cediera el control del domingo por la mañana, las horas que más contribuían a formar mi identidad y que yo protegía cuidadosamente, al Espíritu Santo.

Para ser honesto, no estaba muy sorprendido de escuchar una palabra de Dios a través de John. Durante años, Dios lo había usado para guiarme cada vez más a su voluntad para mi vida y ministerio en *The Oaks*. En muchos sentidos, desde que nos conocimos habíamos estado edificando para este momento.

Años antes, cuando nuestra iglesia se trasladó a su ubicación actual en *Red Oak* (Texas), John se sintió guiado a traer a toda su congregación al culto de dedicación. Estaba convencido de que Dios estaba haciendo un llamado a nuestras dos congregaciones a caminar juntas, incluso desde aquel entonces. Durante el culto, el Señor le dio una palabra a John para nuestra congregación, y me preguntó si podía compartirla públicamente. Nos habíamos conocido en el ministerio y yo confiaba en él por completo, así que respondí: «¡Por supuesto!»

John se puso de pie delante de todos los reunidos para el culto de dedicación y les comunicó que el Señor le decía que necesitábamos una nueva perspectiva con respecto al dinero. Al igual que la mayoría de las iglesias que se trasladan a un nuevo edificio, estábamos preocupados por el aumento de nuestros gastos mensuales. Habíamos calculado que íbamos a tener un gran déficit por mes si no recibíamos nuevos ingresos. Sin embargo, la palabra de John nos indicó que ya no había que preocuparse por tener lo suficiente, sino por cómo planificar, como mayordomos, el increíble flujo de recursos que el Señor nos enviaría. Nos dijo: «No habrá ni un mes en que escaseen los recursos. Tendrán todo lo que necesiten. Ahora comiencen a orar para que Dios mejore su capacidad para manejar el aumento de los ingresos».

¡Ese fue un mensaje muy audaz! Y en cuestión de un año, todo sucedió. *The Oaks* tenía tanto dinero que teníamos que decidir qué hacer con él, según predijo la profecía. Ese fue el comienzo de mi relación profética con John y *The Oaks*.

No sería la última. Con los años, he aprendido a confiar en el corazón de John, su integridad y su voz profética. Debido a que había ganado mi confianza, yo estaba dispuesto a escuchar cuando Dios lo usara para decirme cosas, incluso cosas que me estremecieron por completo.

DE JOHN . . .

He conocido a Scott por más de veinte años. Durante este tiempo, he tenido un asiento de primera fila para verlo convertirse en un líder fuerte y un excelente pastor. Bajo su liderazgo, *The Oaks* se ha convertido en un faro de influencia en nuestra comunidad.

Scott y yo juntos llegamos a los suburbios de Dallas en el año 2003. De hecho, nos convertimos en pastores de dos iglesias a solo ocho minutos de distancia. Comencé mi trabajo como pastor de *Freedom Fellowship International* cuando nombraron a Scott pastor principal en *The Oaks Fellowship*.

Al principio, los dos florecimos en el ministerio y nuestras iglesias crecían rápidamente. Scott y yo disfrutamos de una relación personal cada vez más profunda. No había duda de que Dios estaba entretejiendo el corazón de él y el mío. Realmente sentí que nos estábamos convirtiendo en colaboradores, y de cierto modo, en socios.

Sin embargo, no pasó mucho tiempo antes de que yo tuviera que enfrentar serios problemas en mi propia iglesia. No teníamos una base sólida de liderazgo, y empezamos a luchar. Nuestros números se desplomaron. Ya no éramos la iglesia creciente y vibrante que una vez fuimos. Era como si pudiera sentir que mi iglesia, y mis sueños, se me escapaban entre las manos.

El estrés se hizo sentir, y yo luchaba con la tentación de comparar las cosas increíbles que sucedían en la iglesia de Scott con la falta de crecimiento en la mía. El dinero parecía llover en *The Oaks*. En vez de orar para lograr una mejor asistencia y presupuesto (como yo), Scott y su junta directiva luchaban para ser buenos administradores del derramamiento de bendiciones de Dios. Dios me había usado de manera poderosa para traer una palabra a *The Oaks*, pero no podía cambiar lo que sucedía en mi propia iglesia.

Se hizo cada vez más difícil ver cómo *The Oaks* continuaba prosperando mientras que en nuestra iglesia decrecían los números. Todo lo que Scott intentaba en *The Oaks* se convertía en oro. Mi celo me hizo cerrarme. Podía sentir cómo se enfriaba mi corazón y se alejaba de las cosas de Dios. Mientras manejaba desde Dallas a mi casa en Waxahachie, tenía que pasar por la iglesia de Scott. No podía ni siquiera mirar en esa dirección sin recordar mis propios fracasos.

Por fin pude decirle a Dios: «Pensé que me dirigía hacia el éxito, pero ahora puedo ver que ese no es el caso. Señor, decido seguirte a ti. Me arrepiento de los celos que he sentido en mi corazón contra Scott y *The Oaks*. Comprometo mi vida a seguir tu plan. Hágase tu voluntad». Esta oración fue el comienzo de mi sanidad y liberación de esos celos agobiantes. Pero, ¿reuniría el valor de llegar al final del proceso de sanidad?

Dios me desafió con una pregunta audaz: «John, ¿estarías dispuesto a ir a *The Oaks* en persona y pedir perdón por tus celos contra ellos?»

Era hora de retirarme de mi propio camino y dejar que Dios obrara a través de mi vida como nunca antes lo había hecho.

Llamé a Scott para preguntarle si podía ir y hablar con su grupo de oración, y él dio su consentimiento. Delante de todo el equipo, me arrepentí de los celos que sentía en mi corazón contra su iglesia y su pastor. Dios sabía que la única manera para sanarme era pidiéndoles perdón públicamente.

Este acto fue tanto humilde como liberador. El fuego de la experiencia me ayudó a ver que mi problema era la desobediencia. Mi envidia, autocompasión y dudas habían sido como un veneno. Los antídotos eran la humildad y el arrepentimiento. Mirando atrás, ahora reconozco que esta dolorosa experiencia fue parte de un trabajo más profundo de parte de Dios a fin de prepararme para el futuro. De hecho, estaba a punto de llamarme a un nivel de obediencia superior. Era hora de retirarme de mi propio camino y dejar que Dios obrara a través de mi vida como nunca antes lo había hecho.

Dios me dio muchas otras palabras proféticas para Scott y *The Oaks*. Cada vez que sucedía, Scott y sus líderes me escucharon amablemente y aceptaron lo que Dios les decía. En 2012, el Señor me dio otro mensaje para mi amigo. Ese jueves, me dijo que le preguntara a Scott: «¿Le darás a Dios un minuto del culto de tu iglesia?» Me di cuenta de que Scott estaba confundido y se sintió sacudido por la pregunta, pero también sabía que consideraría cuidadosamente lo que el Señor le estaba diciendo.

Pocos días después, el sábado por la tarde, llamé a Scott y le pregunté si podía pasar por su oficina. Sentí que el Señor quería que continuáramos nuestro diálogo anterior. Llegué y me dirigí a la oficina de Scott. Tan pronto como llegué, inmediatamente comenzamos a orar. Después de un tiempo de oración, le dije: «Scott, si mañana le das un minuto a Dios, Él cambiará las cosas, cambiará las cosas realmente en maneras que no podrás entender. No tengo ni idea de cómo será, pero sé que tienes que estar dispuesto a intentarlo. ¿Estás dispuesto a confiar en Él?»

Scott me miró. Los dos sabíamos la seriedad del momento. Era algo muy importante. Dios pedía más de nosotros, una rendición completa. Ninguno de nosotros sabía lo que realmente significaba el cambio. Scott es muy organizado. Los cultos en *The Oaks* se preparan excepcionalmente bien. Se mide el tiempo para cada detalle de la reunión y éste funciona como un reloj. Las personas suben y bajan de la plataforma coordinando cada elemento del escenario, luces, sonido y efectos especiales. Hay una gran cantidad de elementos que dependen de otros en cada culto. Renunciar a un solo segundo de control afectaría a muchas personas. Yo podía sentir todos esos detalles girando alrededor de la cabeza de Scott y me preguntaba: *¿confiará Scott en Dios para todo esto?*

Scott me miró y me di cuenta de que había tomado su decisión. Su rostro estaba endurecido como el pedernal y me dijo solemnemente y con confianza: «John, estoy abierto a lo que Dios quiera hacer. Sus caminos son mucho mejores que mis caminos. Él sabe mucho más de lo que yo sé. Esto es una prueba… una oportunidad. Estoy abierto».

Este libro trata de estas dos conversaciones cruciales, trata del valor de Scott para implementar los cambios, y de la forma en que cada pastor puede invitar al Espíritu de Dios para transformar radicalmente su vida, la vida del liderazgo de la iglesia, de los miembros y visitantes de la iglesia, y en última instancia, de toda la comunidad.

Nota: Incluimos un par de preguntas al final de cada capítulo para estimular su pensamiento, sus oraciones y sus conversaciones.

PIENSE AL RESPECTO...

1. ¿Por qué eligió este libro? ¿Qué espera aprender de él?

2. ¿Cómo cree que habría reaccionado si estuviera en el lugar de Scott cuando John le dio una palabra profética?

3. Escudriñe en su corazón con humildad y honestidad, y piense si los celos o la envidia contra otro pastor, iglesia o ministerio han nublado su corazón de alguna manera. ¿Quién es ese pastor, cuál es esa iglesia o ministerio, y cómo enfrentará este problema?

CAPÍTULO 2

DONDE TODO COMENZÓ

Me sentía destrozado después de mis conversaciones con John del jueves en la mañana y el sábado en la tarde. Después del segundo encuentro, me fui a casa para procesar todo lo que me había dicho. Quería estar seguro de que todo esto era del Señor. Esa noche me pasé horas postrado ante el Padre. Le pedí claridad, sabiduría y dirección. Mientras oraba, habían dos cosas que más se destacaban. En primer lugar, yo quería agradar a Dios más que nada en el mundo. Sin embargo, también sentí una profunda sensación de renuencia. Me preguntaba: *¿Cómo llegué hasta aquí… y ¿por qué siento tanto temor de entregarle el culto a Dios nuevamente?*

LA HISTORIA Y LA DUDA

Yo amo la iglesia pentecostal. Soy hijo de un pastor, y siento un respeto profundo y perenne por aquellos que han optado por dedicar el trabajo de su vida a servir a esta hermosa institución. Todos los hitos importantes de mi propio andar cristiano han ocurrido en eventos de la iglesia. Fui salvo en un campamento de la iglesia, el Espíritu Santo me llenó en un encuentro en un campamento local, fui llamado al ministerio en un campamento de jóvenes y ungido para el ministerio a tiempo completo durante un viaje misionero patrocinado por la iglesia a Arkansas. ¡Soy un hombre de iglesia hasta la médula!

Creo que la iglesia es una entidad dinámica. Sin embargo a veces estamos tan atrapados en nuestras tradiciones que nos volvemos ciegos ante los enfoques creativos y nos mostramos desinteresados en explorar nuevas formas de adoración y servicio a Dios. Algunas de nuestras tradiciones, por muy valiosas que sean, tienden a mantenernos encerrados en un marco donde Dios nunca tuvo la intención de que nos mantuviéramos encerrados.

En los años 80 y 90, vi «la mentalidad del avivamiento» en muchas iglesias. Los pastores y líderes de esas iglesias creían que Dios pondría su mano poderosa en alguien especial para llevar el gran avivamiento a nuestra nación y al mundo. Ese líder especial y ungido escucharía palabra de Dios de los cielos y nos la traería de una manera novedosa. En medio de reuniones por toda la ciudad, las vidas de las personas serían tocadas y cambiarían para siempre.

A finales del siglo XX, Dios utilizó este modelo para llevar a millones a la fe en Cristo, y a otros millones más a experimentar la plenitud del Espíritu. Pero había un inconveniente. En muchas congregaciones, esta mentalidad de avivamiento parecía crear un entorno en el que solo unos pocos en la iglesia poseían y practicaban los dones del Espíritu. El resto estaba para ver y sorprenderse. Ah, *enseñábamos* que los dones eran para todos, pero *actuábamos* como si solo unos pocos conociéramos los secretos de los dones misteriosos y escurridizos. Cada congregación tenía unos pocos miembros que eran conocidos por sus dones en toda la iglesia. En cualquier iglesia, no era raro notar a la mujer que siempre estallaba en lenguas durante la reunión de oración o al hombre que siempre traía una palabra profética resonante ¡en un español Reina Valera de 1960! Esa era su identidad, su insignia de honor, pero en vez de edificar a las personas, a menudo llevaba a una división confusa y dolorosa entre «los que tenían dones» y «los que no tenían dones».

En algunos casos, el ejercicio de los dones se hizo raro. Lo sé porque lo vi. Cuando era joven, no me atrevía a invitar a mis amigos a la iglesia porque sentía temor de que la hermana fulana comenzara a bailar y a gritar en lenguas, o que el hermano mengano se pusiera de pie y diera una fuerte palabra profética contra la música rock, los tatuajes, y partes del cuerpo perforadas. Pero el problema era más sutil por lo general: las personas hablaban más de los dones de lo que se maravillaban por el Dador de los dones. Es posible que no se les haya enseñado acerca de la naturaleza y los dones del Espíritu. O tal vez quitaron la mirada de la maravillosa gracia sublime de Dios y trataron de superarse los unos a los otros en cuánto al ejercicio de los dones espirituales.

Recuerdo un sabio pastor anciano que me hablaba de este problema. Él decía: «El problema de nuestra generación es que idolatramos a los dones más de lo que los usamos».

Me frustré con las reuniones auto–indulgentes de avivamiento que llevaban poco fruto duradero. La profunda insatisfacción que sentí me hizo sensible a una nueva estrategia de la iglesia que estaba entrando en escena. Comencé a escuchar de las iglesias de rápido crecimiento que no

giraban en torno a una mentalidad de avivamiento de solo
una vez al año. Se les conocía como iglesias «amigables para
con los buscadores espirituales». Los incrédulos se sentían
cómodos allí y venían en manadas. Estas nuevas iglesias se
caracterizaban por un amor genuino por los perdidos. Sus
cultos eran edificantes y alentadores. El deseo de señalar el
pecado o el enjuiciamiento por las malas acciones quedó
atrás. Principalmente la atención se centró en el poder
transformador de la gracia de Dios más que en el miedo a la
condenación. Los VIPs (que en inglés significa «personas
muy importantes») en cada culto no eran la «vieja guar-
dia», con sus asientos tradicionales en el mismo lugar cada
domingo. Los VIPs en estas nuevas iglesias eran los perdidos, los marginados y los nuevos creyentes que se sentían
bienvenidos e inspirados. Aparecían cada vez que el templo
abría sus puertas.

Algunos líderes de la iglesia se burlaron de iglesias
como estas y las acusaron de «suavizar el evangelio». Pero
la mayoría de los pastores que yo conocí no eran para nada
débiles en cuanto al Evangelio: daban mensajes relevantes
llenos de aplicación práctica y de verdad en tiempo real;
utilizaban un lenguaje común para que todos pudieran comprender; evitaban el lenguaje religioso difícil; llamaban a las
personas al arrepentimiento y a la obediencia, pero no en un
tono exigente y severo; y enseñaban a la personas a crecer en
su fe. Según nuestra tradición, siempre habíamos enseñado
el «qué»; estas nuevas iglesias también enseñaban el «por
qué» y el «cómo».

SÁBADO EN LA NOCHE

Cuando John me confrontó con la palabra profética, me enfrenté a un dilema. Todavía creía completamente en la doctrina pentecostal, pero me había llevado a un cambio en nuestra iglesia hacia un estilo de adoración más como el de «amigables para con los buscadores espirituales». Mi objetivo y estrategia eran construir una iglesia donde las personas fueran bien guiadas y se amaran bien los unos a los otros. La asistencia a *The Oaks* había crecido a alrededor de dos mil quinientos utilizando este modelo.

Sabía que había un poder impresionante en los dones del Espíritu Santo, pero no podía entender cómo podrían ser eficaces en una iglesia que trataba de ser relevante y amigable para con los buscadores espirituales. En particular el énfasis de la iglesia en las lenguas, me dejó preguntándome por qué en muchas iglesias pentecostales no centraban más la atención en el amor y el apoyo como había podido ver en las iglesias amigables para con los buscadores espirituales. Yo hablaba en lenguas todos los días. El don era (y es) una parte vital y continua en mi vida, pero luchaba en secreto con el hecho de que yo sería muy feliz si nunca más tuviéramos ejercicios públicos del don de lenguas en nuestros cultos. Quería que nuestros cultos fueran conocidos por el amor y no por hablar en lenguas o por las poderosas palabras proféticas. La palabra profética de John sacó mi dilema a la superficie y lo agravó.

Mientras oraba y estudiaba, una visión tomó forma para unir a estas dos corrientes divergentes. Con la formación de un liderazgo dirigido y discipulado, las sagradas tradiciones de la doctrina pentecostal podrían alcanzar a los perdidos efectivamente y discipular a los creyentes de una manera nueva y relevante.

La pregunta de John del jueves y el sábado parecía venir de la nada, pero me di cuenta de que Dios me estaba preparando para este momento. Sabía que algo faltaba. Durante mucho tiempo, había tenido una sensación persistente de que Dios tenía más para nosotros en nuestra adoración. Cuando miré a las personas mientras entraban por nuestras puertas, pude ver un perfil demográfico diferente: parejas de cabellos grises, y otros que vestían jeans ajustados de tiro corto, personas del campo que venían en sus camionetas y habitantes de la ciudad que conducían sus autos híbridos, los que llevaban Biblias Reina–Valera de siete libras y otros que utilizaban la aplicación de la Biblia en sus teléfonos inteligentes. Además de todo eso, algunos de los que asistían ya habían experimentado el culto pentecostal tradicional por años, y un montón de otras personas no sabían ni siquiera el significado de la palabra *Pentecostal*. Yo asumía

> Quería encontrar una manera de hacer que nuestra adoración fuera completamente pentecostal y aun así que hubiera una conexión de alguna manera espiritual, emocional y cultural con las personas nuevas en nuestra iglesia.

que estábamos alcanzando a toda esa gente, pero ahora las dudas me confundían. Quería encontrar una manera de hacer que nuestra adoración fuera completamente pentecostal y aun así que hubiera una conexión de alguna manera espiritual, emocional y cultural con las personas nuevas en nuestra iglesia.

El sábado por la noche después de las dos conversaciones con John, estaba orando y preparándome para mi mensaje de la mañana siguiente. De repente, el Señor me susurró la misma pregunta que John me había hecho.

—Hijo, quiero hacer algo en el culto de mañana que es diferente a lo que estás planeando. ¿Estarías de acuerdo?

Tartamudeé.

—Bueno, por supuesto, Señor... —después de unos segundos, añadí—: Por cierto, eres Dios. No tienes que pedirme permiso para hacer algo en tu propio culto.

Él respondió.

—Bueno, pensé que debía hacerlo ya que has estado preparando los cultos sin mí y luego me pides que los bendiga. Esta semana pensé que sería bueno si dejaras guiar el culto de la forma que yo quiero, y ya será bendecido.

(Parecía como si Él y John hubieran estado hablando de mí).

Fue en uno de esos momentos preciosos y amenazantes cuando años de suposiciones estallan en un instante. Yo había oído a John, pero ahora estaba *realmente* escuchando a Dios.

Le respondí.

—¡Oh, Dios, lo siento mucho! Por supuesto que quiero que dirijas los cultos. ¿Qué quieres que haga?

El Señor me dijo simplemente:

—Anúnciale a la iglesia que «es un nuevo día» y que estás devolviéndome los cultos a mí nuevamente... el resto lo haré Yo.

«El resto lo haré Yo» ¿Qué significaba *eso*? Nuestro equipo y yo siempre orábamos para pedir la bendición de Dios para nuestros cultos, pero esto era diferente. La planificación y la oración siempre han sido y serán parte integral de nuestra preparación, pero me di cuenta de que no había estado escuchando atentamente al Espíritu.

Había hecho demasiadas suposiciones con respecto a la manera en que el culto debía ser. Ahora, era todo oídos.

UN NUEVO DÍA

Antes de nuestro primer culto de la mañana siguiente, le hablé a nuestro personal y al grupo de alabanza sobre mi conversación con Dios. Respiré profundo y dije: «Prepárense para lo que Dios quiere hacer hoy. Voy a explicar que se trata de un nuevo día para nuestra iglesia. Luego, detendremos la música y esperaremos a escuchar una palabra del Señor».

Las personas que se presentaron esa mañana tomaron asiento. Clayton Brooks, nuestro pastor de adoración, nos guió en el canto «Jesús, Jesús, Jesús. Hay algo en ese nombre». Sentí la presencia de Dios, y me dijo: «Ahora, hijo. Es el momento. Dile a las personas que es un nuevo día».

Le hice una señal a Clayton para que dejáramos de cantar, me dirigí a la parte delantera de la plataforma y anuncié: «Amigos, el Señor me ha dicho que este es un nuevo día para nuestra iglesia. Él quiere estar totalmente al control de nuestra adoración, y hoy le estoy invitando a guiarnos. Ahora, quedémonos tranquilos ante el Señor y permitámosle hablarnos».

El silencio no parecía estar fuera de lugar en lo absoluto. Daba una sensación de anticipación, de asombro, de reverencia. Entonces alguien de la congregación comenzó a dar una palabra profética: «Yo soy el Señor, y soy Yo quién guía esto... no te abandonaré». Algunos de los no carismáticos pueden haber pensado que estábamos realizando una presentación dramática, pero no. Esta palabra era la seguridad por parte de Dios para mí de que podía confiar en que Él nos guiaría.

En ese momento sentí que el Señor me susurró: «Hijo, eres la autoridad en esta casa. Eres el pastor, así que debes liderar el camino. Da una expresión pública de lenguas en este momento, y puedes confiar en mí para la interpretación».

Después que hablé en lenguas con valentía, el Espíritu llevó a un hermano a interpretar. Dijo: «¿Por qué buscan en todas partes lo que solo pueden encontrar en mí? Vengan a mí. Confíen en mí».

Le expliqué a la congregación que de acuerdo a 1 Corintios 14:22, esta palabra es para los que buscan a Dios. Les dije: «El don de lenguas es una señal a ustedes los incrédulos, para que puedan saber que Dios está realmente en medio de nosotros. En esta palabra, los secretos de sus corazones están al descubierto para que puedan arrepentirse de sus pecados y entregar su vida a Cristo. Dios está usando los dones de lenguas e interpretación de lenguas como *un llamado al altar divino*. Si siente que Dios lo está visitando esta mañana, respóndale con fe. Está llegando a usted y lo invita a venir a Él. Si quiere tomar su mano, venga aquí adelante».

Alrededor de cuarenta personas caminaron hacia la plataforma para recibir a Cristo. Muchos estaban arrodillados y algunos lloraban lágrimas de alivio y alegría. ¡Estaban teniendo un encuentro con el Salvador! Rápidamente me di cuenta de que algunas de las personas en la sala no tenían ningún contexto para lo que estaban viviendo. Antes de orar con los que estaban en la plataforma, me tomé un momento para explicar cómo Dios usa los dones

> Dios quiso que los dones se usaran para que las personas se acercaran más a Él.

espirituales para atraer a las personas. Les dije: «Aquellos de ustedes que se criaron como católicos o bautistas, den gracias por su herencia divina, pero si alguna vez exaltan su herencia por encima de la enseñanza de las Escrituras, se equivocan. Y si son pentecostales o carismáticos, y aman tanto a los dones que les dan más importancia que a la guía del Espíritu, se equivocan. Dios quiso que los dones se usaran para que las personas se acercaran más a Él, como podemos verlo esta mañana».

Después oré con los que estaban en la plataforma y sentí que Dios decía: «Todavía no he terminado. Tengo algo más para otras personas en esta mañana».

Mientras que los cuarenta nuevos creyentes seguían orando en la plataforma, me dirigí a la congregación y anuncié: «Algunos de ustedes han sido cristianos por mucho tiempo, pero sienten la necesidad de abrir su corazón a Dios. Desean decir: "Señor, hoy te entrego mi vida nuevamente.

He tratado de hacerlo, y he fallado. Quiero que me guíes". Si sientes que Dios te invita a regresar a Él, ven al frente y arrodíllate ante Él, y pidámosle que tome el control».

Alrededor de trescientas personas vinieron al frente para arrodillarse y orar. Entonces les pedí que cubran su boca con sus manos, que dijeran sus temores, que elevaran esos temores al cielo y que dejaran que Dios los tomara. Muchos fueron conmovidos profunda y visiblemente.

Les expliqué que Dios me había llevado a hacer esto con mis manos para decirle mis temores, tarde, una noche al inicio de esta semana. Les dije: «Después de un rato, mis brazos se cansaron. Quería relajarme y dejarlos caer, pero Dios me dijo que fuera a la pared y los apoyara contra ella. Me dijo: "Eso es lo que siempre haces. Echas tus temores sobre ti mismo cuando te cansas y cuando sufres. Esta vez, quiero que los dejes conmigo"».

Clayton guió a la congregación en otra canción, todos volvieron a sus asientos y prediqué el mensaje que Dios me había dado, el texto era Isaías 40:31 y se llamaba «Tiempo esperado, no es tiempo perdido».

Pero los que confían en él
renovarán sus fuerzas;
volarán como las águilas,
correrán y no se fatigarán,
caminarán y no se cansarán.

Este fue el pasaje adecuado para el mensaje adecuado para el momento adecuado para nuestra iglesia. Yo esperaba que el Señor derramara de su Espíritu en mí y me guiara en un nuevo día para nuestra iglesia. La palabra «renovarán» en este pasaje significa cambiarse de ropa. Esperar no se trata de tiempo; se trata de servir a Aquel que merece nuestra atención y afecto. Nosotros le servimos mejor si nos quitamos los viejos ropajes de egoísmo y ceguera, y nos ponemos nuestra ropa nueva de humildad, amor y poder. Dios nos dará el poder para sobreponernos a las dificultades de manera milagrosa, para atravesar las dificultades sin cansarnos o renunciar, y a veces para caminar por el desierto abrasador de dificultades sin desmayarnos. Dios busca entre nosotros a aquellos que realmente creen que nuestra vida es mejor con Él que sin Él, que su camino es mejor que el nuestro, que su poder es más eficaz que nuestros esfuerzos.

¡Fue un culto de adoración magnífico! Pero había un problema…

Entre los cultos, yo no sabía qué hacer. Me preguntaba: *¿Cómo logro que vuelva a suceder? No puedo repetirlo. No sería auténtico. Y si el siguiente culto no es tan bueno como el de las 9:30, las personas que asisten a las 11:30 se molestarán.*

Entonces oré, y casi podía ver a Dios sonriendo y escuchar un toque de sarcasmo en su voz: «¿Bromeas, Scott? ¿De veras crees que hiciste que eso sucediera? Solo haz lo que te dije que hicieras, y haré lo que Yo quiera. Confía en mí, hijo mío. Solo confía en mí».

Entré para comenzar el siguiente culto y oré. Le dije: «Dios, por favor, solo hazme saber que estás aquí, y asegúrame que te moverás como lo hiciste en el culto anterior». En ese momento, Richard Miller, uno de los ancianos, se acercó, me tocó el hombro y dijo: «Pastor Scott, ¡Él está aquí!» Entonces sentí la sonrisa de Dios mientras Él me decía: «¡Está bien, ahora ve y diles que es un nuevo día!»

Y Dios volvió a manifestarse.

En la siguiente semana, escuché historia tras otra de personas de la comunidad que fueron alcanzadas por hombres y mujeres que habían escuchado el evangelio en nuestros cultos de adoración. Dios habló a algunos en sueños. Él milagrosamente sanó a los enfermos. Algunos fueron bautizados en el Espíritu Santo, y hablaban en lenguas, sin que nadie orara por ellos.

El pastor de otra iglesia me llamó en esa semana para decirme que había escuchado a dos hombres hablando mientras reparaban el baño de su casa. Uno de ellos le contaba al otro acerca de nuestro culto en la iglesia. Decía: «¡El culto de ayer en nuestra iglesia fue increíble! Dios me transformó de una manera fenomenal».

El otro preguntó: «¿Qué quieres decir?»

Entonces le explicó: «Antes de que mi esposa y yo fuéramos a la iglesia, Dios estaba tratando conmigo verdaderamente en cuanto al orgullo. Me dijo: "Hijo, tienes que dejar de ser tan terco. Tienes que humillarte. Arrodíllate ante mí". Camino a la iglesia le dije a mi esposa que si el pastor nos daba la oportunidad de arrodillarnos ante Dios, yo iba a hacerlo. Ayer en la iglesia, el pastor Scott nos dijo: "Es un nuevo día", y habló en lenguas, y otro muchacho lo interpretó. Eso me trastornó. ¡Yo no creo en esas cosas! Entonces el pastor Scott dijo: "Arrodíllate ante el Señor y síguelo con todo tu corazón". Eso fue todo. Esa era la palabra que Dios me estaba diciendo a mí, a mi terquedad y a mi orgullo. Fui hacia adelante, hablé de mis temores a mis manos, y los solté.

¡Levanté mis manos al Señor y comencé a hablar en lenguas! Estaba tan sorprendido que me tapé la boca con las manos, pero las palabras espirituales seguían viniendo. Cuando llegué a casa, me disculpé con mi esposa por la manera en que la había estado tratando. Esta mañana, me levanté temprano para orar. Quiero que Dios me haga un mejor hombre, un mejor esposo y un mejor trabajador. ¡Dios me está transformando! ¡Vaya!»

¡Un nuevo día había amanecido en la familia de aquel hombre, en muchos otros, y en nuestra iglesia!

Ese domingo y la semana siguiente fueron increíbles, pero ¿y qué pasará en el futuro? ¿Cómo quería Dios que nosotros encamináramos el movimiento de su Espíritu en nuestros cultos durante las próximas semanas, meses y años? En vez de tratar de averiguarlo por mi cuenta, pensé en pedirle a Él mismo que me diera las indicaciones. (Aprendo lentamente, pero con el tiempo he aprendido una o dos lecciones.) Explicaré más al respecto en el capítulo 6: «Reglas del compromiso».

MI SENTIR, MI ESPERANZA

La expresiones de fe pentecostales de larga tradición no tienen que permanecer en el mismo embalaje que usamos desde hace décadas. Los llamados desde el púlpito no son el único lugar y hora en que Dios cambia vidas y bautiza a los creyentes en el Espíritu. A medida que el Espíritu Santo nos guía, podemos crear una nueva cultura que es totalmente pentecostal en cuanto a valores y dones, y sin embargo completamente contemporánea en cuanto a relacionarse con los buscadores espirituales hambrientos que asisten a nuestros cultos.

Nuestra confraternidad de iglesias tiene una larga e ilustre historia de dejar que el Espíritu de Dios fluya en nuestros cultos y a través de nuestra vida. Mi esperanza es que sigamos viviendo con el mismo sentir que Donald Gee describe en su libro *Toward Pentecostal Unity* [Hacia la unidad pentecostal]. Él escribió: «No debemos disfrutar de la emoción profunda a expensas de un pensamiento superficial. "Oraré en el Espíritu, pero también oraré con el entendimiento" es la manera bíblica de decirlo. Las tres hebras de oro: orden, fe y experiencia, tienen que tejer una cuerda que no puede romperse rápidamente. Un avivamiento pentecostal a toda plenitud, no hará hincapié en una a expensas de las otras, sino que se manifestará un testimonio resplandeciente de las tres».[1]

Nuestras prácticas en *The Oaks* son el resultado de mucha oración y estudio de la Biblia. Nuestra motivación es el amor a cada persona que entra por las puertas de nuestra iglesia, el viejo y el joven, el tradicional y el más contemporáneo. Queremos que todos se sientan inspirados y desafiados por la verdad, el amor y el poder que se encuentra en Jesucristo. Nos sentimos gozosos de tener los dones del Espíritu obrando en nuestra vida. Durante mucho tiempo hemos permitido que los dones fluyan en nuestras reuniones privadas de oración, pero ahora estamos presentándoles los dones a cientos (incluso miles) de personas en el culto público para que Cristo sea exaltado y las almas se salven.

¡Este es un día para regocijarse! Dios se mueve en los corazones de su pueblo. Por mucho tiempo asumí que jugaba el papel central en la planificación y orquestación de nuestras experiencias de adoración. Llevaba la carga como un gran peso sobre mis hombros. Pero, finalmente, Dios me llamó la atención y me pidió que le sirviera en vez de esperar que Él me sirviera y me bendijera. Y ahora no siento ninguna presión, excepto la responsabilidad de buscar su rostro y su Palabra. Cuando buscamos su rostro, Él se deleita en revelarnos. La promesa de su presencia, poder y amor no es solo para la oración privada y los devocionales. Dios también quiere manifestarse en nuestra adoración pública.

La obra de Dios no se limita a las tradiciones pentecostales *o* a la adoración moderna. Si escuchamos al Espíritu y seguimos su guía, Dios nos da la gracia de ser pentecostales y contemporáneos a la vez. Él es nuestro gran Rey y amoroso Salvador, y Él quiere hacer su voluntad en nuestra vida y en nuestro liderazgo. Yo estoy rendido, espero que usted también.

Es increíble lo que Dios puede hacer cuando le damos nuestro corazón, nuestra vida y nuestros cultos de adoración y confiamos en Él para dirigirlo todo. Antes de examinar la estructura y el proceso de cómo replantear nuestros cultos de adoración y oración colectiva, es necesario que echemos un buen vistazo a los fundamentos bíblicos de nuestro nuevo día.

PIENSE AL RESPECTO...

1. Describa su historia denominacional. ¿Cómo han ayudado las tradiciones a darle estructura y sustancia? ¿Dé

que manera han limitado la creatividad y el fluir del
Espíritu?

2. ¿Cómo ha reaccionado ante los modelos modernos
    de «amigable para con los buscadores espirituales»?
    ¿Qué vale la pena de ellos? ¿Qué elementos le resultan
    sospechosos?

3. ¿Se siente preocupado por las manifestaciones del
    Espíritu Santo en los cultos de su iglesia? Tómese el
    tiempo para considerar cuidadosamente su respuesta.
    ¿Qué le daría confianza?

4. ¿A qué se refería Scott al anunciar que «Es un nuevo
    día» en *The Oaks*? ¿Qué significaría para usted tener un
    nuevo día en su iglesia?

EL FUNDAMENTO

(HABLA SCOTT)

CAPÍTULO 3

TODOS RECIBEN UNA LLAMA

M i amigo Jim Hennesy es el pastor de la Iglesia La Trinidad en Cedar Hill (Texas). Le pidieron que hablara en una conferencia a la que asistí. Acababa de entrar y sentarme mientras él anunciaba el título de su charla: «Reclamando el Pentecostés: todos tienen una llama». Fue uno de esos momentos en que unas pocas palabras tienen el poder de un enorme garrote. Pensé: *¡Eso es! El poder del Espíritu no está reservado solo para unos pocos. ¡Es para todo el mundo!*

Al instante recordé el bautismo de Jesús cuando el Espíritu Santo descendió sobre Él como paloma, y permaneció en Él (Juan 1:32). Ese momento en el ministerio de Jesús es como la experiencia de los creyentes cuando el Espíritu descendió sobre ellos el día del Pentecostés. Sin embargo, antes de ese suceso en Jerusalén, Jesús explicó el papel del Espíritu. En la noche que lo traicionaron, les dijo algo a sus discípulos que debió haberlos confundido en ese momento:

> Ciertamente les aseguro que el que cree en mí las obras que yo hago también él las hará, y aun las hará mayores, porque yo vuelvo al Padre. Cualquier cosa que ustedes pidan en mi nombre, yo la haré; así será

glorificado el Padre en el Hijo. Lo que pidan en mi
nombre, yo lo haré. (Juan 14:12-14)

Casi puedo oír a los discípulos susurrando entre sí: «¿De
qué habla? ¿De nosotros? ¿*Cosas mayores* que las que ha
hecho? ¡Lo hemos visto limpiar leprosos, restaurar la vista a
los ciegos, sanar a los enfermos, alimentar a las multitudes,
y resucitar a los muertos! ¿Cómo es posible que podamos
hacer más que eso?»

Sin perder el ánimo, les dio la respuesta: «Y yo le pediré
al Padre, y él les dará otro Consolador para que los acom-
pañe siempre: el Espíritu de verdad» (Juan 14:16-17).
Unos minutos más tarde, Jesús les dijo: «Yo soy la vid y ustedes son las ramas. El que permanece en mí, como yo en él,
dará mucho fruto; separados de mí no pueden ustedes hacer
nada» (Juan 15:5).

El fruto del que Jesús hablaba no se trataba solamente
de una experiencia espiritual personal. Y lo es, pero por
supuesto, es mucho más que eso. Jesús vino para dar, para
amar, para sacrificarse, y para marcar la diferencia en la vida
de cualquiera que le escuche. Tenemos un propósito mucho
más grande en la vida que las experiencias personales
estimulantes y auto-indulgentes. El fin del Espíritu es trans-
formarnos de adentro hacia afuera para que podamos tener
un corazón para las personas como el de Jesús.

TODOS RECIBEN UN PROPÓSITO

Muchas personas, incluyendo a muchos cristianos,
luchan por encontrar su propósito en la vida. Deambulan

de una actividad para otra, de un grupo a otro, y van de una iglesia a otra. Muchos piensan que existe una clave secreta para descubrir los misterios del significado de su vida. No hay ningún secreto; está página tras página en la Biblia.

Uno de los problemas es que muchos de los que asisten a la iglesia cada semana asumen que Dios existe para ayudarlos a cumplir con *sus* agendas. Pero Dios no es empleado nuestro. Él es el Rey. Las cosas que el mundo valora no pueden darnos el verdadero significado. Esas cosas no nos desafían a dar lo mejor para la gloria de Dios. Los propósitos del mundo son egoístas, no son de auto–sacrificio. ¿Cómo sabemos lo que más valoramos? Es en lo que pensamos cuando tenemos tiempo libre, lo que soñamos, es donde pasamos nuestro tiempo y en cómo invertimos nuestro dinero. El Señor habló a través de Jeremías:

> Las cosas que el mundo valora no pueden darnos el verdadero significado. Esas cosas no nos desafían a dar lo mejor para la gloria de Dios.

Así dice el Señor:
«Que no se gloríe el sabio de su sabiduría,
ni el poderoso de su poder,
ni el rico de su riqueza.
Si alguien ha de gloriarse,
que se gloríe de conocerme

y de comprender que yo soy el Señor,
que actúo en la tierra con amor,
con derecho y justicia,
pues es lo que a mí me agrada
—afirma el Señor—. (Jeremías 9:23-24)

El Señor se deleita en que lo conozcamos y lo amemos, y entonces, de la abundancia de ese amor, nosotros mismos derramaremos bondad y justicia para todo el que nos rodea.

Jesús explicó este doble propósito en lo que comúnmente se conoce como «El Gran Mandamiento» y «La Gran Comisión». Un experto en la ley de Moisés le pidió a Jesús que señalara el mayor de todos los mandamientos del Antiguo Testamento. Jesús le dijo: «Ama al Señor tu Dios con todo tu corazón, con todo tu ser y con toda tu mente –les respondió–. Éste es el primero y el más importante de los mandamientos. El segundo se parece a éste: "Ama a tu prójimo como a ti mismo". De estos dos mandamientos dependen toda la ley y los profetas» (Mateo 22:37-40).

¿Qué significa amar a las personas? Para Jesús significaba muchas cosas y se aseguró de que sus seguidores no perdieran la esencia de su venida a la tierra. Solo a unas horas después de las últimas instrucciones a sus discípulos, lo acusaron falsamente, lo juzgaron arbitrariamente, fue apresado injustamente y condenado a muerte injustificadamente. Al crucificarlo parecía que el mal había triunfado, pero en realidad, ¡solo fue la mayor demostración de los propósitos de Dios en la historia de la humanidad! La resurrección demostró que la victoria fue ganada a través del sacrificio, sangre y muerte del Mesías. Durante los siguientes cuarenta días Jesús se apareció varias veces a sus seguidores, como a unos quinientos a la vez. Luego, cuando le llegó la hora de marcharse, llevó a los apóstoles a una colina y les dio la Gran Comisión:

> Se me ha dado toda autoridad en el cielo y en la tierra. Por tanto, vayan y hagan discípulos de todas las naciones, bautizándolos en el nombre del Padre y del Hijo y del Espíritu Santo, enseñándoles a obedecer todo lo que les he mandado a ustedes. Y les aseguro que estaré con ustedes siempre, hasta el fin del mundo. (Mateo 28:18-20)

Durante la conversación, los discípulos le preguntaron a Jesús: «Señor, ¿es ahora cuando vas a restablecer el reino a Israel?» (Hechos 1:6). En efecto, su respuesta fue: «Ustedes no lo entienden. Sí, yo voy a establecer mi reino, pero no en la manera que ustedes esperan. Lo haré *a través de ustedes*, y enviaré a mi Espíritu para equiparlos y empoderarlos».

Entre sus últimas palabras antes de ascender al Padre, Jesús les dio un mandato, promesas e instrucciones. El mandato era mucho más amplio de lo que hubieran podido imaginar: hacer discípulos en todas las naciones de la tierra. Ya había sido bastante difícil ministrar en Israel, pero el amor de Dios alcanza a toda tribu, lengua, pueblo y nación. En otras palabras, no hay límites de raza, sexo, nacionalidad, política, edad o religión. Jesús los ama a todos y a medida que nuestro corazón se una al suyo, nosotros los amaremos también.

Jesús conocía bien a sus seguidores. Sabía que eran un montón de temerosos… personas como nosotros. Así que les dio tres promesas:

- Él tiene toda autoridad en el cielo y en la tierra. Su reino, su poder y su presencia son ilimitados.

- Que se iría, pero prometió estar para siempre presente a través del Espíritu Santo. Nunca estaremos más allá de su alcance, su amor y su autoridad.

- Que nos dará el poder para hacer cualquier cosa que nos pida que hagamos. Nunca dijo que sería fácil, pero sí prometió darnos el poder que necesitamos en cada circunstancia.

Jesús les dijo que esperaran en Jerusalén por «la promesa del Padre», el bautismo con el Espíritu Santo (Hechos 1:4-5) y para asegurarse de que entendían, explicó: «Pero cuando venga el Espíritu Santo sobre ustedes, recibirán poder y serán mis testigos tanto en Jerusalén como en toda Judea y Samaria, y hasta los confines de la tierra» (Hechos 1:8). Jesús ascendió a los cielos cuarenta días después de la Pascua (Hechos 1:3), y sus discípulos esperaron otros diez días en Jerusalén, hasta la fiesta de Pentecostés, por el derramamiento del Espíritu. Jesús les dijo que esperaran para llenarse de poder, y eso es todo lo que nosotros debemos hacer también.

TODOS RECIBEN EL PODER

El mandamiento de Dios y sus promesas en nuestra vida son las mismas que Jesús dio a sus seguidores en aquella colina hace veinte siglos atrás. El Gran Mandamiento y la Gran Comisión no solo están reservados para pastores y misioneros. Las personas, ya sean enfermeros, albañiles, abogados, padres que se quedan en casa, o con cualquier otra carrera, han sido llamados a representar al Rey de reyes en sus círculos de influencia, empezando por su familia y amigos, luego en sus comunidades y hasta en los más lejanos confines de la tierra. Sin embargo, no tienen que hacer discípulos solos. Cuentan con la magnífica seguridad de la presencia, la autoridad y el poder de Dios.

Pentecostés es el nombre griego que se le da a la antigua celebración judía conocida como Fiesta de las semanas, también conocido como el día de las primicias (Números 28:26) o Fiesta de la siega o Fiesta de la cosecha (Éxodo 23:16). Durante siglos, antes de la venida de Jesús, el pueblo judío celebraba la Fiesta de las semanas exactamente cincuenta días después del día de reposo después de la Pascua. Habían dos razones principales para la celebración del evento: la celebración de que Dios le da la ley a Moisés y la ofrenda de las primicias, en la que se ofrece las primicias de la cosecha de verano, un símbolo para Dios de que creían que Él proveería todo lo que necesitaban para el año.

Tanto la Pascua como el Pentecostés se centraban en los dos aspectos principales del pacto de Dios con su pueblo: el amor y la ley. Cada cena de la Pascua que se celebraba anualmente era un recordatorio de cómo Dios había salvado sus vidas en Egipto la noche en que el ángel de la muerte descendió para matar a los primogénitos de todos los hogares que no tuvieran la marca de la sangre del cordero en los postes. El sacrificio de un cordero en cada hogar hebreo era símbolo del amor sacrificial de Dios, que también enfatizaba en el Éxodo con su santa presencia junto a su pueblo en las columnas de nube y de fuego. En los siglos siguientes, sacrificios similares en el tabernáculo y en el templo servían como recordatorio del amor imperecedero de Dios para las personas.

Durante la Fiesta de las semanas, cincuenta días después de la Pascua, el pueblo recordaba cuando Moisés recibió la Ley en el Monte Sinaí. En conjunto con la ofrenda de las primicias, que reconocía la provisión amorosa de Dios para ellos, también leían los primeros cinco libros de la Biblia, el Pentateuco, y daban gracias a Dios por su palabra.

Nosotros también necesitamos reconocer tanto la ley como el amor en nuestra relación con Dios. La ley nos da instrucciones para obedecer a Dios, sin embargo, también nos revela nuestra necesidad desesperada de un Salvador, porque entendemos que no podemos cumplir sus requisitos (véase Gálatas 3:24 y Romanos 3:23). Sabiendo que las personas no eran capaces de cumplir

> La ley nos da instrucciones para obedecer a Dios, sin embargo, también nos revela nuestra necesidad desesperada de un Salvador, porque entendemos que no podemos cumplir sus requisitos.

las normas de la Ley, Dios envió a su Hijo para enfrentar el problema del pecado de una vez por todas. Si vamos a caminar con Dios, necesitamos entender ambos: la ley y el amor.

Pentecostés (Fiesta de las semanas) era un día ajetreado en Jerusalén. Era una de las tres veces al año en que se suponía que todos los hombres aptos físicamente emprendieran su viaje a Jerusalén (Éxodo 23:14–17; Deuteronomio 16:16). No obstante, en el primer día de Pentecostés, después de la muerte de Jesús, sus seguidores estaban en la ciudad con una sensación especial de expectativa. Cincuenta días antes, los apóstoles habían celebrado la Pascua con Jesús, y Él les había dicho que se quedaran en la ciudad, «hasta que sean revestidos del poder de lo alto» (Lucas 24:49; ver también Hechos 1:4–5). Probablemente no lo comprendían del todo, pero esperaban la presencia y el poder del Espíritu Santo. Un grupo de 120 creyentes esperaban y oraban en el aposento alto. Querían estar listos para cuando llegara el momento.

En la antigüedad, Moisés había subido al monte Sinaí para recibir la Ley *para mostrarle al pueblo cómo vivir*, pero Jesús ascendió al cielo para enviar al Espíritu para *empoderarlos para vivir*. Lucas, el historiador de la iglesia primitiva, nos dice lo que sucedió:

> Cuando llegó el día de Pentecostés, estaban todos juntos en el mismo lugar. De repente, vino del cielo un ruido como el de una violenta ráfaga de viento y llenó toda la casa donde estaban reunidos. Se les aparecieron entonces unas lenguas como de fuego que se repartieron y se posaron sobre cada uno de ellos. Todos fueron llenos del Espíritu Santo y comenzaron

a hablar en diferentes lenguas, según el Espíritu les concedía expresarse (Hechos 2:1–4).

¿Quiénes estaban involucrados en este suceso? No eran uno o dos, ni solo algunos. No eran ni los de categorías superiores o inferiores entre ellos. No eran solo los apóstoles. «Todos fueron llenos del Espíritu Santo y comenzaron a hablar en diferentes lenguas, según el Espíritu les concedía expresarse».

Las personas que escuchaban y miraban estaban asombradas. Provenían de todas partes del mundo romano, y hablaban muchos lenguajes étnicos diferentes. Esos ciento veinte judíos sencillos, no instruidos estaban «proclamando las maravillas de Dios» (Hechos 2:11) en lenguas que nunca habían escuchado. Las lenguas que Lucas describe en este suceso correspondían con la naturaleza de las lenguas que describe Pablo en su primera carta a los corintios. Los ciento veinte proclamaban alabanza a Dios, no predicación. La palabra de convicción vino de Pedro. Su mensaje profético era una poderosa mezcla de ley y amor, de juicio y gracia, de advertencia e invitación. Al instante, tres mil personas confiaron en Jesús, el Mesías de Dios, ¡para pagar por sus pecados y darles nueva vida! Ellos eran las primicias que se le ofrecían a Dios en el día de Pentecostés.

EL SONIDO DE LOS CIELOS

Cuando el Espíritu Santo vino sobre los creyentes en el aposento alto, no fue un momento silencioso. Lucas nos dice que «de repente, vino del cielo un estruendo como de un viento recio que soplaba, el cual llenó toda la casa donde estaban sentados» (Hechos 2:2 RV–1960). ¿Cómo sería el sonido de los cielos hoy en día en nuestras iglesias? ¿Será posible que el Espíritu quiera venir sobre nosotros de esta manera? Los discípulos oraban cuando los envolvió el sonido. Cuando oramos con fervor en el Espíritu, puede suceder lo mismo.

Comencé a orar para que nuestra iglesia se llenara con el sonido de los cielos. ¿Se puede usted imaginar estar en una habitación con un grupo de creyentes comprometidos, apasionados y que todos quieran, más que cualquier otra cosa en el mundo, experimentar el propósito, el poder y la presencia de Dios? Serían personas que no se avergonzarían de la obra del Espíritu en ellos y entre ellos, personas que no dudarían en clamar a Dios para hacer lo que solo Él puede hacer, personas saturadas del amor de Dios por aquellos que oran junto a ellas: aquellos que normalmente los molestan, que se ven diferentes, que actúan de manera diferente, y votan de manera diferente, personas que viven en la habitación de al lado, al cruzar la calle, o al otro lado del mundo.

Es posible. John y yo hemos sido parte de un grupo de personas que escuchan frecuentemente el sonido de los cielos mientras oramos. Es el sonido del Espíritu hablando a través de nosotros, y en nosotros, y no puede contenerse. ¡Podemos adorar a Dios de una manera que invite a los ángeles a participar! Las huestes celestiales pueden llenar el lugar con cantos de alabanza mientras escuchan nuestras canciones de redención.

Muchos de nosotros tenemos doctrinas correctas, pero nuestro corazón está reservado. Decimos que hemos entregado completamente nuestro corazón a Jesús, pero nuestras oraciones son rutinarias y nuestra alabanza es tibia. Cuando usted ora, ¿se da cuenta de que se está conectando con Aquel que con su palabra arrojó las galaxias al espacio? ¿Le sorprende que el Hijo de Dios saliera del esplendor del cielo para poner los pies en la tierra como siervo para vivir y morir por los que lo ignoraban o despreciaban? Si no estamos conscientes de eso, no habrá una alabanza genuina. Si no quedamos admirados, no habrá progreso en nosotros. Si no estamos impresionados por la gracia de Dios por pecadores como nosotros, serviremos a medias o solo para que la gente nos vea.

Algunos podrían decir: «Las preocupaciones y exigencias de la vida me distraen». ¡Tonterías! Ciertamente, todos tenemos preocupaciones y exigencias de la vida. Somos personas caídas que viven en un mundo caído, pero tenemos una conexión con el amor más grande, el poder más grande, y ¡el mayor propósito que el mundo haya conocido! Cuando Él nos sorprende, nuestras distracciones se desvanecen. Podemos mirar todas nuestras preocupaciones a través del lente de la fe en el Único que tiene la autoridad y compasión supremas. En Él podemos relajarnos y confiar.

> Somos personas caídas que viven en un mundo caído, pero tenemos una conexión con el amor más grande, el poder más grande, y ¡el mayor propósito que el mundo haya conocido!

Pastores, nosotros no somos inmunes a un debilitamiento en nuestra pasión por Dios. El nuevo día comienza por nosotros. No podemos esperar que nuestro pueblo se maraville de las bondades y la grandeza de Dios, si nuestro corazón no está encantado con Él. Tenemos que echar fuera toda distracción, miedo u orgullo y debemos reemplazarlos por asombro, alabanza y fe. A medida que dejamos la inhibición, nuestro pueblo podrá darse cuenta. Seremos la mecha que enciende la dinamita del poder sobrenatural en la vida de ellos. Entonces, juntos, podemos clamar a Dios en voz alta y con un corazón lleno para que su Espíritu more entre nosotros, nos llene, y nos empodere para cumplir sus planes para nosotros y para el mundo. Cuando esto sucede, escucharemos el sonido de los cielos entre nosotros.

Todos necesitamos modelos que nos ayuden a tener una idea de lo que Dios quiere hacer en medio nuestro. John me ha ayudado a experimentar el sonido del cielo mientras hemos orado juntos. ¡Es maravilloso! Tuve otro ejemplo cuando asistí a una conferencia y escuché al Pastor Niko Njotorahardjo, de Jakarta (Indonesia) mientras hablaba acerca de la oración en su iglesia. No hablaba mucho inglés, pero trajo un video de una reunión de oración. Mientras veíamos, miles de personas en su iglesia estaban de pie clamando al Señor a toda voz. Era algo increíble. Algo así debe haber ocurrido en el aposento alto en el día del Pentecostés. Cerré los ojos y levanté mis manos. Me hubiera gustado que ese momento durara para siempre. Me sentía como si estuviera a las puertas de los cielos escuchando a los ángeles y a los santos cantar y orar al Señor. Con ese espíritu, ¡el pueblo estaría dispuesto a hacer cualquier cosa por el Rey! Pero esa experiencia no ha sido reservada solo para un momento en la vida de ciento veinte personas hace dos milenios o para una gran iglesia en Indonesia en la actualidad.

El Espíritu de Dios espera por su pueblo, y especialmente sus pastores y líderes de iglesias, a que le invitemos a invadir nuestro corazón, nuestro liderazgo, nuestras reuniones de oración y nuestros cultos de adoración tan poderosamente que suene como un viento recio. Es el sonar de los cielos... ¿puede oírlo?

FUEGO DEL CIELO

El fuego es una metáfora poderosa y persistente en la Biblia, desde la zarza ardiente hasta los holocaustos, hasta el «fuego consumidor» del juicio de Dios. En los sucesos de ese primer Pentecostés de la Iglesia, las lenguas de fuego simbolizaban la presencia y el poder del Espíritu. El fuego tiene dos propósitos principales: purificar y empoderar.

El fuego del Espíritu ilumina los lugares oscuros de nuestra vida y revela nuestros puntos débiles, nuestros errores y nuestro orgullo que hemos ignorado por mucho tiempo. La obra del Espíritu de revelar es solo la primera parte de su obra purificadora. Cuando confesamos y nos arrepentimos, el Espíritu quema la escoria de nuestra vida hasta que somos purificados y perdonados ante Dios. Esto sucederá de forma definitiva en el tribunal de Cristo, cuando las acciones de todos los creyentes pasen por el fuego purificador, quemando las ambiciones egoístas y dejando el oro puro, la plata y las piedras preciosas de nuestro amor a Dios y la fidelidad a su llamando (1 Corintios 3:10–15).

Sin embargo, el fuego también es una fuente de un poder increíble. Lo usamos en nuestros hogares, nuestros vehículos, nuestra cocina, y en muchos otros aspectos de la vida. El Espíritu no vino sobre los que estaban en el aposento alto para que fueran felices y ensimismados. Él vino a empoderarlos para cumplir el valiente llamado de Dios a representarlo en cada situación y en cada rincón de la tierra. Los discípulos en el aposento alto se unieron en oración y estaban enfocados en la Palabra de Dios. Ese es el combustible del poder del Espíritu. Cuando no estamos leyendo, estudiando y viviendo de acuerdo a la Palabra de Dios, no tenemos combustible para funcionar.

El llamado de Dios no ha sido reservado solamente para un grupo de súper santos. El llamado de Dios es para todos nosotros. ¿Cómo serían nuestras iglesias si todos ardieran para Dios? No obstante, primeramente nosotros los líderes debemos preguntarnos: ¿Para qué ardemos? ¿Cuál es la pasión que nos mueve? o ¿Se ha reducido el fuego a un parpadeo? Con mucha frecuencia, nuestras pasiones quedan divididas; son: Dios y el dinero, Dios y el prestigio, Dios y el poder, Dios y la comodidad. Un día, el fuego de Dios quitará todos los "y" de nuestra vida. No esperemos a que suceda después. Podemos invitar al Espíritu a que nos purifique y nos empodere hoy para ser completamente suyos.

Todos nosotros, incluso los mejores, podemos extraviarnos. Es por eso que Pablo escribió a Timoteo, su protegido: «Por eso te recomiendo que avives la llama del don de Dios que recibiste cuando te impuse las manos» (2 Timoteo 1:6).

TODO CON AMOR

El Espíritu de Dios no impulsa a la gente a ostentar una posición de poder. Su poder nunca se usa para intimidar o dominar a nadie. Él es exquisitamente amable y tierno. Se lamenta de nuestra dureza y amargura. La presencia del Espíritu en nuestra vida siempre produce el fruto de «amor, alegría, paz, paciencia, amabilidad, bondad, fidelidad, humildad y dominio propio» (Gálatas 5:22-23). Los dones del Espíritu son fertilizante que ayuda a las personas a cultivar el fruto espiritual.

Los cristianos de Corinto deben haber sido muy similares a muchas de nuestras congregaciones: ¡un poco desenfocados cuando se trata de entender la vida espiritual! Ellos asumieron que podían usar el poder del Espíritu, y todos los dones, para llenar sus currículos y ganar prestigio entre los hermanos. Pablo les desengañó de esa noción errónea. A menudo usamos el «Capítulo del amor» en bodas, pero 1 Corintios 13 en realidad es una corrección fuerte para los cristianos de Corinto. Pablo les dijo sin rodeos:

Si hablo en lenguas humanas y angelicales, pero no tengo amor, no soy más que un metal que resuena o un platillo que hace ruido. Si tengo el don de profecía y entiendo todos los misterios y poseo todo conocimiento, y si tengo una fe que logra trasladar montañas, pero me falta el amor, no soy nada. Si reparto entre los pobres todo lo que poseo, y si entrego mi cuerpo para que lo consuman las llamas, pero no tengo amor, nada gano con eso. (1 Corintios 13:1-3)

Pablo dijo que a Dios le irritan las personas que hablan en lenguas, pero que no están llenas de amor. Él no se siente impresionado por aquellos que tienen discernimiento espiritual profundo, pero no sienten compasión. Le molestan aquellos que demuestran tener un poder espiritual milagroso, pero no se preocupan por los demás. Se encoge de hombros cuando ve sacrificios dramáticos que no están motivados por el amor genuino a las personas.

El amor, explicó Pablo, era muy diferente de lo que los corintios habían demostrado (y de los problemas a los que él se había dirigido anteriormente en su carta).

El amor es paciente, es bondadoso. El amor no es envidioso ni jactancioso ni orgulloso. No se comporta con rudeza, no es egoísta, no se enoja fácilmente, no guarda rencor. El amor no se deleita en la maldad sino que se regocija con la verdad. Todo lo disculpa, todo lo cree, todo lo espera, todo lo soporta. El amor jamás se extingue, mientras que el don de profecía cesará, el de lenguas será silenciado y el de conocimiento desaparecerá. (1 Corintios 13:4–8)

Las manifestaciones de los dones no son el punto de referencia más importante de la vida espiritual. Éstos deben reflejar el amor de Dios derramado en nosotros que se desborda hasta la vida de los demás. Sin eso, solo hacemos ruido. En *The Oaks*, no estoy despejando la plataforma y cambiando nuestro modelo de ministerio para resaltar los dones espirituales de lenguas, profecía, sanidad y milagros. Ninguna de esas cosas le importaba a Pablo, y no me

> La prueba de lealtad a Dios no son los dones; es la bondad, la ternura y la compasión.

importan a mí tampoco, si éstas no profundizan nuestro amor hacia Dios, hacia nuestras familias, hacia nuestros vecinos, y hacia cada persona que conocemos. La prueba de lealtad a Dios no son los dones; es la bondad, la ternura y la compasión.

CORAZONES ABIERTOS

En la conferencia donde escuché hablar al Pastor Niko, los planificadores del evento me pidieron que compartiera con ellos lo que Dios estaba haciendo en *The Oaks* para «despejar la plataforma» para que el Espíritu obrara. Les dije cómo Dios se había estado moviendo en mi relación personal con John y en nuestros cultos en la iglesia, y les expliqué que se trataba de «un nuevo día» en nuestra iglesia. Solo hablé unos minutos, y cerré con una oración por los líderes presentes en el lugar. Le pedí a Dios que hiciera este tipo de cosas en las iglesias de todo el mundo y conveniera a nuestro corazón del orgullo, del control compulsivo y del miedo cuando nos entregáramos en sus fuertes, sabias y amorosas manos.

Al orar, el Espíritu de Dios descendió en la habitación. Pocas veces lo he sentido presente de manera tan poderosa. Los líderes del evento detuvieron el programa, entonces oramos por una hora y media. Una de las mujeres dio una palabra profética sobre nuestra iglesia y sobre mí. Dijo: «Pastor Scott, Dios le ha dado una gran responsabilidad. Le ha dado la mayordomía de un profundo pozo, un pozo profundo de su Espíritu. El pozo ha sido destapado, y Él lo ha elegido a usted para que sea su mayordomo para su pueblo».

La mañana siguiente recibí el correo electrónico de una mujer que no había asistido a nuestra iglesia por unos tres años. Escribió:

¡Hola!, Pastor Scott:
La otra noche tuve un sueño con usted y Jenni. Quería compartir lo que sentí que Dios me estaba diciendo. Mi marido y yo fuimos en auto hasta lo que conocíamos que era la iglesia que usted pastoreaba, y lo vimos fuera, en la parte delantera, trabajando en un pozo. Jenni estaba de pie en el portal delantero. Era más bien una casa muy bonita, con una decoración bien ornamentada. Usted tenía una mirada muy preocupada en su rostro. Estaba trabajando, pero se detuvo para conversar con nosotros el tiempo suficiente como para decirnos que debía lograr que el pozo volviera a funcionar. Sentí que el Señor le decía que Él ve su corazón en las cosas profundas y en las sencillas de Él, y ve su deseo por el agua viva de su Espíritu. Creo que Él tiene más que decirle al respecto, así que el Señor lo bendiga mientras busca esa palabra para usted.

El Señor les mostró a estas dos damas en la misma noche, a miles de millas de distancia, que Él iba a destapar el pozo profundo de su Espíritu en *The Oaks* y me ha asignado la mayordomía de ese pozo. Yo, junto a los otros líderes de nuestra iglesia, tenemos la responsabilidad de recibir todo lo que Dios quiere derramar en nuestro pozo, y después usar el pozo profundo de su amor, poder, y verdad para cambiar innumerables vidas en nuestra comunidad y en todo el mundo.

Si usted es pastor o líder de la iglesia, Dios quiere destapar el pozo profundo de su Espíritu, en su vida y en su iglesia. Y quiere que usted sea el mayordomo de su agua viva.

Pastor, no se trata solamente de usted. Usted no es el guardián de la llama; usted es el encendedor de la llama de todos los demás. En el saludo en la segunda carta de Pedro, él se dirigió a todos sus lectores: «Simón Pedro, siervo y apóstol de Jesucristo, a los que por la justicia de nuestro Dios y Salvador Jesucristo han recibido una fe tan preciosa como la nuestra. Que abunden en ustedes la gracia y la paz por medio del conocimiento que tienen de Dios y de Jesús nuestro Señor» (2 Pedro 1:1–2).

Cada creyente tiene una fe tan preciosa como la de Pedro, la de Pablo, la suya o la mía. En la gran oración de Jesús, Él dice que todos los creyentes tienen el mismo propósito que llenó la vida de Cristo: «Como tú me enviaste al mundo, yo los envío también al mundo» (Juan 17:18). Y oró para que cada uno de nosotros nos sintamos sorprendidos de que el Padre nos ama tanto como ama a su Hijo: «Yo les he dado a conocer quién eres, y seguiré haciéndolo, para que el amor con que me has amado esté en ellos, y yo mismo esté en ellos» (Juan 17:26). No hay ciudadanos de segunda clase en el reino de Dios. Nuestro privilegio y responsabilidad como pastores y líderes es: enseñar, inspirar y liderar a las personas a cumplir con su grandioso llamado de Dios.

Si los líderes espirituales tratan de acaparar la llama, las personas en la iglesia terminarán criticándoles o idolatrándoles. ¡Yo no quiero ninguna de las dos cosas! Ninguno de nosotros quiere ser criticado, pero ser visto como «el increíble profeta» resulta tentador, un «hombre o una mujer santo/a de Dios». Si los pastores no ven como su trabajo principal, la difusión del fuego del Espíritu en todos aquellos que conocen, no se cumplirá El Gran Mandamiento, porque la gente juzgará en vez de amar, y La Gran Comisión no se cumplirá, porque las personas estarán absortas en sí mismas en vez de salir a compartir la historia más grande que jamás se haya contado.

Los pastores y los misioneros no son un grupo de élite que lleva la llama del Espíritu. Cada uno en la iglesia tiene una llama, y Dios quiere usarlo para encender a todos. Cada uno en su iglesia tiene un propósito divino, y Dios quiere usarlo para dirigirlo a los lugares adecuados donde será más eficaz. Cada uno en su iglesia tiene el poder del Espíritu, y Dios quiere usarlo a usted para liberarlos.

Cuando esto comienza a suceder, nada detendrá al viento recio. Usted escuchará el sonido de los cielos... en su corazón, en sus cultos de oración, y en su iglesia. No tiene comparación.

PIENSE AL RESPECTO...

1. ¿Qué sucede en una iglesia dónde existe división entre «ricos» y «pobres» con respecto a los dones espirituales?

2. ¿Qué se necesita para escuchar el sonido del cielo en su corazón, en sus cultos de oración, y en su iglesia?

3. ¿Qué le costará escucharlo a usted?

4. Describa los pasos específicos que dará para que usted y su iglesia escuchen el sonido de los cielos.

CAPÍTULO 4

UNA VIDA GUIADA POR EL ESPÍRITU

Estaba con un buen amigo cuando el Señor le llamó al pastoreado. Fue un momento glorioso. Cuando inició su iglesia, yo ya había sido pastor durante nueve años. El profesional era yo; él era el novato; al menos, yo lo veía de ese modo en ese momento. A veces me llamaba cada semana para pedirme consejo sobre todo tipo de situaciones que enfrentaba. Me sentía feliz de poder ayudarlo.

La iglesia de mi amigo creció como la espuma. Abrieron un segundo local donde tuvieron más de mil personas la primera semana. Dieciocho meses más tarde, abrieron un tercer local, y tuvieron más de mil quinientas personas el domingo de apertura.

Es curioso… ya no me sentía tan encantado de seguir ayudándolos. ¡Era como si no necesitaran más de mí! Nuestra iglesia se había estancado y su iglesia estaba en pleno auge; la nuestra había fracasado. Trataba de dejar de pensar en eso, pero cuando escuchaba las noticias de su iglesia, me quitaba el apetito. Me sentía desanimado, y para ser honesto, un poco enojado, no con mi amigo, sino con Dios.

Me preguntaba por qué Dios no estaba bendiciendo nuestra iglesia. Pensé en abrir un segundo local. Pensé en muchas cosas, ¡pero la mayoría no eran muy positivas!

Siempre he luchado con la comparación, con la auto-promoción y la competencia con otros pastores, incluso mis mejores amigos. Durante los meses difíciles que siguieron luego de la apertura del tercer local de mi amigo, me reuní a menudo con John Bates. Él seguía recordándome que tenía que dejar de comparar a *The Oaks* con el AEF de otras iglesias: asistencia, edificios, y fondos. Me decía: «Más bien es como el golf. Son solo tú y Dios en el campo. No pienses en ningún jugador más. Simplemente, juega tu juego».

Me gustaría que la comparación fuera la única lucha en mi vida, pero no es así. Lucho con la exageración, la gestión de la imagen, la manipulación, y un montón de cosas más. Quería sentir libertad, gozo y alivio de todos esos conflictos internos. Yo sabía un montón de principios y técnicas y hasta enseñé muchísimas, pero no me sentía libre. A veces me preguntaba si ser completamente libre era realmente posible.

> Las promesas de Dios son magníficas, y la presencia del Espíritu es impresionante, pero vivimos en la tensión incómoda entre el «ya» y el «todavía no».

VERDADERA LUCHA, ESPERANZA VERDADERA

Las promesas de Dios son magníficas, y la presencia del Espíritu es impresionante, pero vivimos en la tensión incómoda entre el «ya» y el «todavía no». Muchas de las promesas de Dios ya se han cumplido en nosotros y para nosotros, pero la consumación completa de sus promesas no sucederá hasta que estemos con Él en el cielo nuevo y la tierra nueva. Hasta entonces, la vida guiada por el Espíritu es una lucha, un combate, una guerra entre fuerzas opuestas.

El apóstol Pablo lo entendió muy bien. Su carta a los Romanos enseña la verdad de Dios sobre todo tipo de temas cruciales como: el cielo y el infierno, la creación, el juicio, el perdón, la justificación, la santificación, la obra de la gracia, el papel del Espíritu, nuestra adopción en la familia de Dios, la conexión con el Antiguo Testamento, la ley y el gobierno, la relación con personas difíciles, y otros temas. Un pastor podría pasar diez años sacando e impartiendo enseñanzas de la carta de Pablo y nunca llegaría a sus profundidades.

Prácticamente en la mitad de esta gloriosa porción de la Escritura, Pablo comparte sus propias luchas. Como pastor, enseña la gloriosa verdad del perdón, el poder y la esperanza de Dios, pero también es completamente honesto acerca de sus fracasos. Puede que no queramos mirar debajo de la superficie de la vida de Pablo, pero no nos da otra opción. Allí describe la imagen desagradable durante todo un largo capítulo. Anteriormente había enseñado acerca de la maravilla de la gracia de Dios en Jesucristo, y explicaba que la ley es eficaz para revelar nuestros pecados. Luego admite su lucha personal. En el séptimo capítulo, confiesa: «No entiendo lo que me pasa, pues no hago lo que quiero, sino lo que aborrezco. Ahora bien, si hago lo que no quiero, estoy de acuerdo en que la ley es buena... De hecho no hago el bien que quiero, sino el mal que no quiero» (Romanos 7:15–16,19).

Podemos sentir su exasperación al final de su confesión cuando exclama: «¡Soy un pobre miserable! ¿Quién me librará de este cuerpo mortal?» (Romanos 7:24).

Yo me siento muy contento de que la carta no termine ahí, porque Pablo comienza luego ¡uno de los capítulos más esperanzadores, poderosos, e inspiradores de la Biblia! El vínculo se encuentra desde el final del capítulo 7 a los primeros versículos del capítulo 8:

> «¡Gracias a Dios por medio de Jesucristo nuestro Señor! En conclusión, con la mente yo mismo me someto a la ley de Dios, pero mi naturaleza pecaminosa está sujeta a la ley del pecado. Por lo tanto, ya no hay ninguna condenación para los que están unidos a Cristo Jesús, pues por medio de él la ley del Espíritu de vida me ha liberado de la ley del pecado y de la muerte.» (Romanos 7:25–8:2)

Muchos cristianos, incluyendo a muchos pastores, siguen viviendo en el monte Sinaí. Se saben los requisitos justos de Dios tal como han sido plasmados en la Ley, y tratan de cumplirlos muy rígidamente al pie de la letra. Irónicamente, cuanto más se esfuerzan, ¡más se percatan de lo lejos que están de cumplirlos! Como Pablo, ¡claman por ayuda! Pero a diferencia de Pablo, muchos de ellos solo se empeñan en cumplirlos contra viento y marea. Eso nunca funciona. En una serie de predicaciones sobre «La gracia práctica», el Pastor Tim Keller explica que caminar en el Espíritu no se trata solamente de tener un «corazón moralmente cohibido, sino de tener un corazón sobrenaturalmente cambiado».[2]

En el octavo capítulo de Romanos, Pablo explicó cómo Dios transforma nuestro corazón de manera sobrenatural. Dios le ha dado cuatro bendiciones claras a cada creyente:

El perdón y la libertad

Para los creyentes, no hay «ninguna condenación» porque Jesús ya pagó el precio por nuestros pecados. Somos libres del castigo de la Ley, porque Jesús ya ha cumplido con todos sus requerimientos, y estamos «en Él» (8:1).

El poder y la presencia del Espíritu

Pablo explica que el Espíritu Santo mora en cada creyente. Que nos ha dado el poder para dar «muerte a los malos hábitos del cuerpo» (8:13) en nuestra vida, y Él intercede por nosotros cuando estamos demasiado confundidos o débiles como para saber cómo orar (8:26–27).

Seguridad y adopción como hijos

Sorprendentemente, hemos sido adoptados en la familia de Dios, no como hijastros apenas tolerados, sino iguales a Cristo, «coherederos» con Él. El Espíritu Santo «le asegura a nuestro espíritu que somos hijos de Dios» (Romanos 8:16) para asegurarnos de que le pertenecemos. En *El conocimiento del Dios Santo* J. I. Packer explica:

> Dios… nos ama con el mismo amor inquebrantable con que ama eternamente a su Hijo unigénito. No hay distinciones de afecto en la familia divina. A todos nos aman tan plenamente como Jesús es

amado. Es como una historia de hadas: el rey soberano adopta a muchachos abandonados y callejeros
y los hace príncipes. Pero alabado sea Dios que esto
no es un cuento de hadas sino un hecho fuerte y
sólido, fundado sobre la roca sólida de la gracia libre
y soberana. Esto, y nada menos que esto, es lo que
significa la adopción. No es de extrañar que Juan
exclame: «¡Mirad cuál amor...!» Una vez que usted
comprende el significado de la adopción, su corazón
exclamará lo mismo.[3]

Confianza en los propósitos y el plan de Dios

Pablo reconocía que nos enfrentamos a muchas situaciones que nos confunden, que son decepcionantes o
inquietantes. Nuestra ten-
dencia es apartarnos o
amenazar a Dios con los
puños porque suponemos
que nos ha fallado. No es así,
Pablo lo asegura. Podemos
estar seguros de que Dios
siempre está obrando para
su gloria y nuestro bienestar. Pablo escribió: «Ahora
bien, sabemos que Dios dis-
pone todas las cosas para
el bien de quienes lo aman, los que han sido llamados de
acuerdo con su propósito» (Romanos 8:28).

> Podemos estar seguros de que Dios siempre está obrando para su gloria y nuestro bienestar.

Como buen pastor, Pablo hizo grandes esfuerzos para
asegurar a sus lectores, ocasionalmente, que el amor de Dios

es eterno, que nunca fallará. Hacía y respondía una serie de preguntas que cualquier persona que haya luchado con Romanos 7 haría; y llegó a la conclusión de que «ni lo alto ni lo profundo, ni cosa alguna en toda la creación, podrá apartarnos del amor que Dios nos ha manifestado en Cristo Jesús nuestro Señor» (Romanos 8:39).

Del mismo modo, el apóstol Juan nos asegura que los cimientos del amor de Dios nunca serán conmovidos. Muchos de nosotros, incluso los líderes que han leído la Biblia muchas veces, aún creen en secreto que nuestras obras determinan si Dios nos ama o nos rechaza. Por eso es que nos sentimos tan impulsados a probarnos a nosotros mismos y tan zarandeados cuando fracasamos de algún modo, pero el veredicto de Dios de perdón y aceptación es lo primero, *antes* de que obremos. De esta manera, debemos obedecer como hijos e hijas amados cuyo deseo es agradar a nuestro Padre y cuando fallemos, no tenemos que aterrorizarnos. Podemos ser honestos con Él y regresar a su presencia porque sabemos que nos ama, nos perdona y nos acepta por la sangre de Jesús. «Saber» fue una palabra importante para Juan; no fue ni *pensar* ni *esperar* ni *suponer*. Él escribió:

«¿Cómo sabemos que permanecemos en él, y que él permanece en nosotros? Porque nos ha dado de su Espíritu. Y nosotros hemos visto y declaramos que el Padre envió a su Hijo para ser el Salvador del mundo. Si alguien reconoce que Jesús es el Hijo de Dios, Dios permanece en él, y él en Dios. Y nosotros hemos llegado a saber y creer que Dios nos ama...

sino que el amor perfecto echa fuera el temor. El que teme espera el castigo, así que no ha sido perfeccionado en el amor.» (1 Juan 4:13–16, 18)

No tenemos que mentir acerca de nuestras luchas reales. ¿Por qué? Debido a que contamos con una verdadera esperanza en el amor incondicional, magnífico, limpio y poderoso de Dios. Cuando estamos convencidos de esta verdad, nos acercamos a Él, y el Espíritu Santo guía nuestros pasos. Eso es una vida guiada por el Espíritu.

LUCHAR PARA GANAR

En su carta a los Gálatas, Pablo describió el conflicto espiritual entre la carne, nuestro egoísmo natural y el Espíritu:

«Les hablo así, hermanos, porque ustedes han sido llamados a ser libres; pero no se valgan de esa libertad para dar rienda suelta a sus pasiones. Más bien sírvanse unos a otros con amor… Así que les digo: Vivan por el Espíritu, y no seguirán los deseos de la naturaleza pecaminosa. Porque ésta desea lo que es contrario al Espíritu, y el Espíritu desea lo que es contrario a ella. Los dos se oponen entre sí, de modo que ustedes no pueden hacer lo que quieren. Pero si los guía el Espíritu, no están bajo la ley.» (Gálatas 5:13, 16–18)

Dios nos ha creado como seres tripartitos, algo así como las tres personas de la Trinidad. Somos cuerpo, alma y espíritu. Pablo explicó que es en el conflicto entre estas partes, donde luchamos contra la lujuria, la tentación y el pecado.

- Nuestro *cuerpo* es templo del Espíritu Santo. Es el lugar donde moran el espíritu y el alma.

- Nuestra *alma* se compone de nuestros pensamientos, emociones y nuestra voluntad. Es la que incluye a nuestros deseos y pasiones humanas. Nuestra condición natural es el egoísmo y el orgullo. Es ese fuerte impulso por complacernos a nosotros mismos. Es la parte nuestra que Pablo llama «la carne» en sus cartas. En realidad, Pablo utilizó el término de diferentes maneras en dependencia del contexto. A veces se refería al cuerpo físico, pero más a menudo, se refería a la naturaleza humana caída que es egoísta y autosuficiente y opuesta a la voluntad y los caminos de Dios.

- Nuestro *espíritu* estaba muerto, pero cobró vida en Cristo cuando nos salvó (véase Efesios 2:1–7). El espíritu de una persona vivirá eternamente en el cielo o en el infierno. El cuerpo será resucitado en el juicio final para reunirse con el espíritu. Un espíritu redimido es vuelto a hacer a la imagen de Cristo. Eso es lo que significa «estar en Cristo». De hecho, si usted es creyente, no puede ser más espiritual de lo que es ahora.

Cuando pecamos, dejamos que nuestra carne gobierne sobre nuestro espíritu. Pablo explicaba que estos dos siempre están en guerra el uno con el otro, en ocasiones la lucha es más obvia que otras, pero es algo constante. Podemos sentirnos desanimados porque a veces parece que estamos perdiendo. Esa es la naturaleza de la guerra, pero no es toda la historia. Dios siempre está obrando, en todos los aspectos de nuestra vida, para lograr sus propósitos. Pablo terminó su carta a los cristianos de Tesalónica con esta oración: «Que Dios mismo, el Dios de paz, los santifique por completo, y conserve todo su ser —espíritu, alma y cuerpo— irreprochable para la venida de nuestro Señor Jesucristo. El que los llama es fiel, y así lo hará» (1 Tesalonicenses 5:23–24).

Pablo no anduvo con rodeos cuando habló de esta lucha, pero reconoció la tensión entre el «ya» y el «todavía no». Escribió a los Gálatas: «Los que son de Cristo Jesús *han crucificado* la naturaleza pecaminosa, con sus pasiones y deseos. Si el Espíritu nos da vida, andemos guiados por el Espíritu» (Gálatas 5:24–25, cursivas añadidas). Pero a los romanos y a los efesios, Pablo les escribió que nuestra lucha diaria contra el pecado implica crucificar *continuamente* a la carne, la naturaleza pecaminosa (véase Romanos 8:13 y Efesios 4:20–24).

> Fuimos crucificados con Cristo cuando nos convertimos en creyentes, pero todavía tenemos que crucificar nuestra carne cuando el egoísmo intente controlar nuestra vida.

Así que fuimos crucificados con Cristo cuando nos convertimos en creyentes, pero todavía tenemos que crucificar nuestra carne cuando el egoísmo intente controlar nuestra vida. ¿Cómo lograrlo?

Al estar de acuerdo con lo que Dios dice de usted.

El orgullo, la culpa, la vergüenza, el miedo y la duda pueden inundarnos y confundirnos. Cuando estamos bajo condiciones de estrés, podemos olvidar las verdades que Dios ha dicho que son para nosotros. La Biblia describe nuestra identidad de muchas maneras maravillosas: hemos sido escogidos por Dios para ser sus hijos amados; estamos inscritos en la palma de su mano; hemos sido maravillosamente creados; Él nunca nos dejará ni nos abandonará, por lo que estamos seguros de su amor; Dios nos ama tanto como ama a Jesús; somos más valiosos para Él que las estrellas en el cielo.

Cuando confiamos en Jesús para que nos perdone y nos haga una criatura nueva, obtenemos una nueva identidad, una nueva naturaleza y un nuevo destino. Aún más, Dios inyecta su ADN espiritual en nosotros. Juan lo describió de esta manera: «Ninguno que haya nacido de Dios practica el pecado, porque la semilla de Dios permanece en él; no puede practicar el pecado, porque ha nacido de Dios. Así distinguimos entre los hijos de Dios y los hijos del diablo: el que no practica la justicia no es hijo de Dios; ni tampoco lo es el que no ama a su hermano» (1 Juan 3:9–10).

No es que no podamos pecar, sino que ya no podemos contentarnos con el pecado en nuestra vida. Ya no pertenecemos al pecado. Muchos no creyentes son muy felices en sus caminos pecaminosos, pero ningún hijo de Dios es feliz cuando vive en pecado. El Espíritu de Dios nos convence, nos hace sentir incómodos, arruina nuestro sueño y nos llama para que volvamos al amor, a la alegría y a la obediencia de ser un hijo o una hija amada.

Al estar de acuerdo con lo que la Palabra de Dios dice de su vida.

La Biblia no da instrucciones sobre computadoras ni autos, pero sí contiene ideas brillantes sobre nuestro propósito en la vida, sobre la naturaleza de Dios, las relaciones, el dinero, la esperanza, la alegría y el crecimiento, entre un sinnúmero de otros temas. Muchas personas asumen que Dios no tiene mucho que decirles, ¡pero esas personas no han leído la Biblia! Ésta tiene toneladas de cosas que decir que son realmente importantes.

Al no ser pasivos; ¡contraataque!

Si no estamos convencidos de que estamos en una pelea, conseguiremos una muy buena paliza. El campo de batalla se encuentra emplazado entre nuestros oídos. Nuestros pensamientos son el campo de pruebas de la verdad y el campo de batalla contra la mentira. En una de sus cartas a los Corintios, Pablo explicó: «Pues aunque vivimos en el mundo, no libramos batallas como lo hace el mundo. Las armas con que luchamos

> Nuestros pensamientos son el campo de pruebas de la verdad y el campo de batalla contra la mentira.

no son del mundo, sino que tienen el poder divino para derribar fortalezas. Destruimos argumentos y toda altivez que se levanta contra el conocimiento de Dios, y llevamos cautivo todo pensamiento para que se someta a Cristo» (2 Corintios 10:3-5).

¿Ve su lenguaje militar? «Batallas», «armas», «luchamos», «fortalezas», «destruimos», «cautivo». La guerra que Pablo describe no es una operación de las fuerzas especiales. Es un estado de sitio. Nos mantenemos luchando y luchando, pacientemente persiguiendo al enemigo en nuestro interior y matando todo vestigio de egoísmo, engaño, orgullo, avaricia y cualquier otro tipo de deseo carnal que descubramos. Y cada vez que eso sucede, hay que sustituirlos por la fe en el amor incondicional de Dios y sus propósitos de gracia para nuestra vida.

Al descansar en el abrazo del Padre.

Dios no se sorprende cuando luchamos, pero estoy seguro de que se entristece cuando damos la espalda y nos marchamos porque hemos renunciado a Él. En nuestros momentos más oscuros, es necesario que nos aferremos a Aquel cuyo amor puede parecer estar a un millón de kilómetros de distancia, pero está tan cerca de nosotros como nuestra nariz. Los grandes santos del Antiguo Testamento sufrieron y fallaron muchas veces. Lo que los hizo grandes no fue una vida fácil sin luchas; fue su tenacidad para levantarse y volver a ponerse en marcha nuevamente cuando cayeron.

Usted es un hijo de Dios y nadie puede robar su herencia. Cuanto más tiempo pase con el Padre, más el Espíritu dará testimonio a su espíritu de que usted le pertenece. Descanse en su abrazo, sobre todo cuando sienta ganas de huir.

Cuando se sienta frustrado, preocupado, enfurecido, impaciente, con miedo, o angustiado, puede que haya perdido su conciencia del abrazo del Padre. Cuando nos olvidamos de su amor y sus propósitos de gracia, estamos viviendo en la carne. Pidámosle al Padre que organice nuestros pensamientos y emociones en correspondencia con la Palabra de Dios.

¿Cómo puede lograrlo? Orando en el Espíritu. En Romanos, Pablo explicó que cuando no podemos orar, el Espíritu ora por nosotros con «gemidos indecibles» (Romanos 8:26, RV–1960). Él está intercediendo literalmente «en el Espíritu». En su carta a los Corintios, Pablo explicó que cuando usted ora en lenguas, está orando en lenguas humanas y angélicas (1 Corintios 13:1). El Espíritu de Dios ora al Padre a través de usted exactamente lo que Él sabe que usted debe orar (1 Corintios 14:2). Cuando ora en el Espíritu edifica a su hombre espiritual (1 Corintios 14:4), porque Dios se responde a sí mismo a través de usted, por lo que siempre se corresponderá con su voluntad. Es por eso que Pablo dice: «Yo quisiera que todos ustedes hablaran en lenguas» (1 Corintios 14:5).

Una semana en nuestra iglesia, me puse de rodillas para modelar cómo se debe orar y estar en conexión con el Espíritu de Dios para someter el alma y la carne al Padre. Oré en el Espíritu y en español tal como lo instruyó Pablo (1 Corintios 14:13–14). Después de aquel culto me sentí un poco preocupado al respecto, me preocupaba que alguien pudiera sentirse ofendido o confundido por eso... tal vez asustado por no entender lo que significa orar en el Espíritu. Mientras meditaba, el Espíritu me trajo dos cosas a la mente:

- En primer lugar, mucha de nuestra gente nunca antes había tenido un modelo de «oración en el Espíritu». Pablo le dijo a los Efesios que «oren en el Espíritu en todo momento, con peticiones y ruegos» (Efesios 6:18). Cuando era niño, yo me levantaba por la mañana y oía a mi padre orando en el Espíritu. Camino a la escuela, mi madre cantaba en el Espíritu. Para mí esta experiencia era algo normal... y es normal para las personas que están llenas del Espíritu.

- Segundo, tenía que explicar y hacer hincapié en el bautismo en el Espíritu. Las personas pueden ofenderse, sentirse confundidas o asustadas por el bautismo en el Espíritu Santo, o la experiencia espiritual de hablar en lenguas, porque no lo entienden. Además, al hombre natural no le gusta en lo absoluto. ¿Por qué? Debido a que la mente, el intelecto, la voluntad y las emociones son pasadas por alto cuando oramos en el Espíritu. Estamos acostumbrados a pensar antes de hablar, pero cuando oramos en el Espíritu, nuestro corazón ora sin la interferencia de nuestra mente. Es completamente normal que los que no están familiarizados con las lenguas se sientan incómodos con ellas, y sobre todo, que las personas analíticas no puedan resistirlo. El Dr. Paul Brooks ha señalado que en su iglesia: «El Espíritu quiere levantar tanto la voz *de Dios* (profecía) como una voz *a Dios* (lenguas/interpretación) a través de diversas expresiones inspiradas como se describe en 1 Corintios 12–14.»[4]

El enemigo de nuestras almas no quiere que la iglesia de Jesucristo sea liberada, dirigida y empoderada por el Espíritu de Dios. Tratará de crear confusión, así que necesitamos claridad; trae división, por lo que necesitamos el amor y el perdón de Dios; siembra el engaño, por lo que necesitamos la verdad; inyecta la duda, por lo que necesitamos la confianza en la bondad y la grandeza de Dios.

> El enemigo no quiere que la gente active su lenguaje de oración porque sabe que los fortalecerá y hará más como Cristo.

El hablar en lenguas puede traer sanidad (si se hace correctamente) o puede traer conflictos (si se hace sin amor). El enemigo no quiere que la gente active su lenguaje de oración porque sabe que los fortalecerá y hará más como Cristo. Imagínese el problema que tendría si todos en su iglesia estuvieran «orando en el Espíritu en todo momento» (Efesios 6:18).

El enemigo hará cualquier cosa para evitar que la gente reciba la capacidad de hacer una oración poderosa. Y si la gente habla en un lenguaje de oración, tratará de desacreditarlos con el orgullo. Tratará de hacer que se sientan superiores a «esa gente» que no hablan en lenguas. No se deje engañar. Hablar en lenguas no le hace superior a las personas o iglesias que no lo hacen. Solo le hace superior a la persona que era antes de recibir el poder del Espíritu (Hechos 1:8).

Una vida guiada por el Espíritu parte de una vida llena del Espíritu. Algunos tratan de decir que estar lleno del Espíritu hace la vida fácil, «es como estar bajo la corriente en chorro del poder de Dios». Este tipo de experiencia ocurre a veces, pero como vimos en el pasaje de Isaías, a veces el Espíritu nos permite volar, otras veces, nos da las fuerzas para correr y a veces tenemos que depender de la profundidad de su amor y su poder solo para dar un paso más sin desmayar ni caer. No, casi nunca es fácil. De hecho, es una lucha para mantenerse íntimamente en contacto con el Espíritu de Dios, para caminar de la mano con el Rey de todo, y para querer su voluntad más que nada en la tierra.

Al comienzo de este capítulo, fui honesto con respecto a mis luchas con los celos, la auto–promoción, la exageración, y otros pecados de la carne. Había identificado todos esos, y más, muchos años atrás, pero nunca conseguí la victoria sobre ellos hasta que amaneció el nuevo día en mi corazón y en nuestra iglesia. He tenido más claridad, más poder, más alegría y más libertad que nunca, porque el Espíritu se ha desatado en mi vida. Tengo un amigo que no está sorprendido por mi honestidad. De hecho, John y yo nos hemos comprometido a ser completamente honestos el uno con el otro. Él puede contar con mi apoyo y yo puedo contar con el suyo. Cuando oramos juntos, nunca es rutinario. Oramos en el Espíritu, y sentimos el poderoso toque de Dios. Durante años, mi objetivo era controlar mi alma y limitar el daño que el pecado podía provocar. Ahora hemos creado una cultura de honestidad, poder espiritual y libertad en nuestra amistad, en mi familia y en nuestra iglesia. Todavía lucho con un montón de cosas, pero ahora, en victoria.

PIENSE AL RESPECTO...

1. ¿Cómo describiría la tensión entre el «ya» y el «todavía no»?

2. ¿Cómo el comprender y creer las cuatro bendiciones en Romanos 8 nos da confianza para andar en el Espíritu?

3. Lea Romanos 8:13–14. ¿Podría mencionar algunas maneras en que el Espíritu Santo puede guiarlo?

4. ¿Cuál principio de «la lucha» se destaca para usted? ¿Cómo puede aplicarlo hoy?

CAPÍTULO 5

LOS PERDIDOS Y LOS MÁS NECESITADOS

El Espíritu Santo descendió en el Pentecostés, y continúa haciéndolo hoy, para glorificar a Jesucristo (Juan 16:14). Su función principal es hacer brillar una luz sobre el amor de Jesús, su poder, su propósito y su gracia, para iluminar los ojos de nuestro corazón de manera tal que nos maravillemos de su humildad al sacrificar su vida por pecadores que no lo merecen. Él provoca nuestra admiración por su exaltación a través de la resurrección y de su ascensión a la diestra del Padre, donde reina por la eternidad. A medida que el Espíritu glorifica a Cristo en nosotros, nuestro corazón se pone poco a poco en sintonía con el suyo. Comenzamos a interesarnos por las cosas que le interesan a Él, lloramos por las cosas que rompen su corazón y nos indignamos por la injusticia así como Él se indignaba.

¿Cuáles son esas cosas? Eso no es ningún secreto. Cuando Jesús regresó del desierto donde Satanás lo tentó, Él dio su primer sermón. Mientras todos miraban en una sinagoga en Nazaret, abrió el rollo de Isaías y leyó un pasaje profético que se cumplía ante los ojos de ellos:

«El Espíritu del Señor está sobre mí,
por cuanto me ha ungido
para anunciar buenas nuevas a los pobres.
Me ha enviado a proclamar libertad a los cautivos
y dar vista a los ciegos,
a poner en libertad a los oprimidos,
a pregonar el año del favor del Señor.» (Lucas 4:18–19)

Durante los siguientes tres años, sus discípulos, sus enemigos y cada persona en cada pueblo por donde pasó, vieron a Jesús vivir su propósito: amar a los perdidos y a los más necesitados, a los pecadores y a los enfermos, al altivo y al humilde, a los marginados y a los inadaptados sociales. Su mensaje en Nazaret fue el comienzo de su ministerio. Al final, le dijo a sus seguidores que hicieran discípulos y les enseñaran «todo lo que les he mandado a ustedes…» (Mateo 28:20). ¿A qué les había mandado? A hacer las mismas cosas que habían visto hacer todos los días que estuvieron con Él: a ir a cualquier parte que hubiera personas necesitadas de escuchar las buenas nuevas del evangelio y derramar amor en cada persona herida.

Otros a menudo no comprendían y condenaban a Jesús por amar a esas personas, pero Él nunca vaciló. Ese era su llamado, y a medida que nos llenamos del Espíritu y vivimos vidas guiadas por Él, éste se convierte en nuestro llamado también.

Es necesario considerar las implicaciones de Pentecostés en nuestro propósito y llamado como cristianos. Puede que en algunas iglesias, estar llenos del Espíritu consista más bien en gritar, danzar y expresar los dones de señales. Nosotros no estamos en una competencia para ver qué iglesia o persona es más expresiva y dramática. Cuando los creyentes se involucran en una forma de auto–indulgencia espiritual, los no cristianos y las personas heridas pueden sentirse confundidas e incómodas en vez de informadas y amadas.

Podemos mirar el problema desde una perspectiva diferente. Algunos se han percatado de que muchas personas hoy en día no buscan el bautismo en el Espíritu Santo, ya que no sienten una sed profunda por Dios, o carecen de una necesidad desesperada de que Dios obre en ellos y a través de ellos para causar un impacto en los perdidos y los más necesitados. Cuando los discípulos vieron a Jesús sanando a los enfermos, resucitando a los muertos, proclamando el evangelio, y orando al Padre, ¡se percataron de que no podían hacer ninguna de esas cosas poderosas por su propia cuenta! Se convirtieron en esponjas para absorber cada porción de lo que Jesús podía darles. La esencia del bautismo del Espíritu no se trata de

> La esencia del bautismo del Espíritu no se trata de nosotros; se trata de lo que Dios quiere hacer a través de nosotros para causar un impacto en los demás.

nosotros; se trata de lo que Dios quiere hacer a través de nosotros para causar un impacto en los demás. Debemos volver a recordar el mensaje de Hechos 1:8. Jesús enseñó que cuando el Espíritu Santo venga sobre nosotros, experimentaremos el poder de ser testigos, no de nosotros mismos, sino de Él.

Algunos cristianos participan en ministerios de evangelismo y misericordia, pero tienen motivos mezclados. Quieren ganar personas para Cristo para demostrar lo que valen y recibir aplausos. Muchos participan en dar ayuda a personas que sufren y se aseguran de que los demás sepan lo que hacen. No me malinterpreten. Todos tenemos motivos mezclados en cierta medida. En esta tierra, nuestro corazón no quedará completamente libre de alguna mancha de egoísmo y pecado, pero una señal de un ministerio lleno del Espíritu, guiado por el Espíritu, es el amor sacrificial y desinteresado que se contenta con servir en secreto de tal manera que solo el Padre ve lo que hacemos. Nos complace más su recompensa que los aplausos de la gente.

Yo conozco pastores y otros líderes de la iglesia que trabajan arduamente en el ministerio, sin embargo, no comprenden el corazón de Dios. Yo he pasado por eso. Años atrás, cuando nuestros hijos eran pequeños, Jenni y yo íbamos a menudo a sus entrenamientos y juegos de fútbol. Jenni se quedaba en el banquillo de las gradas hablando con los otros padres, pero yo llevaba libros y notas conmigo y me sentaba a solas a estudiar para la predicación de la próxima semana. Un día, Jenni se acercó a donde estaba sentado y me preguntó: «Scott, ¿qué haces?»

Me di cuenta de que no era una pregunta rutinaria. Entonces, me sentí un poco amenazado, así que le contesté bruscamente: «¿Qué te parece que estoy haciendo? Estoy leyendo y estudiando para mi predicación».

Me miró a los ojos y dijo: «Estas aquí sentado, solo, con veinte padres a unos metros de distancia. Si hablaras con ellos, sabrías que casi todos enfrentan luchas en sus matrimonios, con sus hijos, en sus carreras, con sus finanzas o con problemas de salud. Ellos necesitan a alguien que se interese lo suficientemente por ellos como para brindarles ayuda».

Esa fue una sorprendente interrupción, y me di cuenta de que el «alguien» que ella decía era yo. Pero no había terminado. Me preguntó: «¿Me estás diciendo a mí, y a ellos, que ellos no cuentan porque no van a tu iglesia?» Se dio la vuelta y regresó a las gradas para compartir con el grupo.

Quería encontrar alguna justificación para mi aislamiento, pero no la había. Me di cuenta de que hablaría a nuestra iglesia sobre una vida llena del Espíritu Santo, pero yo no estaba en sintonía con el corazón de Jesús. Entonces aparté mis notas y mis libros y me acerqué para hablar con los otros padres. Nunca más volví a usar ni los entrenamientos ni los juegos de fútbol para preparar predicaciones. Comencé a conectarme más con los perdidos y los más necesitados, aunque nunca pongan un pie en mi iglesia.

> Una de las cosas más notables de Jesús era que lo «peor» de su sociedad adoraba andar con Él, pero los «mejores» lo despreciaban.

EL HERMANO MAYOR

Jesús sostuvo una conversación con algunos líderes religiosos que fue inquietantemente similar a las palabras que Jenni me dirigió aquel día en las gradas. Lucas prepara el escenario para lo que es, quizás, la parábola más famosa de Jesús. Una de las cosas más notables de Jesús era que lo «peor» de su sociedad adoraba andar con Él, pero los «mejores» lo despreciaban. Lucas nos dice: «Muchos recaudadores de impuestos y pecadores se acercaban a Jesús para oírlo, de modo que los fariseos y los maestros de la ley se pusieron a murmurar: "Este hombre recibe a los pecadores y come con ellos"» (Lucas 15:1–2).

Observe bien a los grupos que rodeaban a Jesús ese día. *Los recaudadores de impuestos* no eran como nuestros funcionarios del Servicio de Rentas Internas. Colaboraban con las fuerzas de ocupación romana para recaudar impuestos imperiales del pueblo judío, y a menudo cobraban una cantidad excesiva y se embolsaban la diferencia. La mayoría de las personas de esa cultura los consideraba traidores. *Los pecadores* eran las personas que no acataban la ley de Dios, así que desobedecían y mostraban sus pecados públicamente. Había proxenetas, prostitutas, mentirosos, manipuladores ensimismados, y rebeldes de toda clase.

Aunque *los fariseos* (y sus seguidores, los maestros de la ley) se habían ganado una mala reputación para los que leen los Evangelios, se les consideraba como los buenos de la sociedad judía. Ellos se dedicaban a Dios y a las Escrituras. Bajo la ocupación romana, eran los modelos de regularidad en la adoración en el templo, oración, ofrendas,

y seguimiento de las tradiciones religiosas. Se sentían amenazados por los romanos, y despreciaban a los publicanos y
a los pecadores. Sospechaban de cualquier persona que no
siguiera su línea de partido; cualquier persona como Jesús.

Y, por supuesto, *los discípulos de Jesús* son otro grupo en
la escena. Eran momentos muy tensos y de mucha presión,
como dos grupos de oposición desafiándose en un mitin
callejero. Jesús los llevó al punto exacto dónde los quería.
Entonces, les contó tres historias que, en realidad, forman
parte de la misma lección.

La primera parábola (Lucas 15:3-7) se trataba de un
pastor que se le perdió una oveja. En esta historia, había
algo perdido (una oveja) y alguien (un pastor) en busca de
lo perdido. También había una gran celebración que incluía
al pastor y a todos sus amigos al encontrar la oveja perdida.

En la segunda historia (Lucas 15:8-10), una mujer perdió una moneda. Una vez más, algo que se había perdido
(una moneda) y alguien (la mujer) que lo buscaba. Cuando
la encontró, hizo una fiesta, que incluía a la mujer y sus
amigos.

Estas celebraciones provocan el sonido del cielo, es el
mismo tipo de celebración que los ángeles tienen en el cielo
cada vez que un pecador viene a Cristo. Era evidente que
un patrón se formaba, pero Jesús les lanzó una curva en la
tercera historia.

En la tercera historia (Lucas 15:11-32), la famosa parábola del hijo pródigo, no había «*algo*» que se había perdido
en esta ocasión, sino «*alguien*», un hijo. Un padre tenía dos
hijos. El hijo menor le reclamó a su padre la parte que le corres-
pondía de la herencia, que era como decir: «¡Me gustaría que

estuvieras muerto!» Su padre se la entregó, y el hijo abandonó la casa y «vivió desenfrenadamente y derrochó su herencia» (Lucas 15:13). Casi muriendo de hambre en una tierra extranjera, el joven se sintió desesperado. Entonces encontró un trabajo alimentando cerdos, papel que habría conmocionado a los fariseos de solo escuchar a Jesús contar la historia. ¡Un judío no podía caer más bajo que eso!

Un día en el chiquero, el joven tuvo una revelación: podía ir a casa y trabajar para su padre. No esperaba ser reinstituido como hijo. Era demasiado tarde para eso, estaba seguro, pero su padre era amable y generoso con sus trabajadores. Trabajar para su padre le daría una vida mejor que dar de comer a los cerdos todos los días. Preparó cuidadosamente su confesión y su solicitud para convertirse en un asalariado en lo que quedaba del patrimonio de su padre.

Al acercarse a su hogar, le sorprendió un extraño espectáculo: ¡su padre corría a su encuentro! Cuando se le acercaba, el hijo que regresaba, trató de decir su confesión, mas el padre no lo dejó terminar: lo abrazó, se echó sobre su cuello, y le besó. Luego restituyó completamente a su hijo en la familia con túnica, sandalias y un anillo de sello que se utilizaba para firmar los contratos.

Al igual que en las otras dos historias, el padre celebró una gran fiesta por el hecho de encontrar a su hijo perdido. No obstante, a diferencia de las otras dos historias, ese no era el final. Un criado le avisó al hijo mayor sobre el regreso de su hermano y sobre la fiesta que su padre le estaba celebrando. Se sintió tan enojado, que se negó a unirse a la fiesta. Su padre fue a pedirle que viniera a celebrar con ellos, pero se negó gruñendo.

Este momento en la historia no pasó desapercibido para la gente que estaba sentada y de pie en torno a Jesús. En esa cultura, el hermano mayor tenía la responsabilidad de ir a buscar a su hermano rebelde y traerlo a casa. Los recaudadores de impuestos y los pecadores eran el hermano más joven de la historia; los fariseos, el hermano mayor. No obstante, los fariseos no habían salido a buscar y a salvar a los pecadores y los marginados que ahora se sentaban a los pies de Jesús. Ellos eran como el hermano mayor de la historia: enojados, creídos, con aires de superioridad con respecto a «esa gente»... e inconmovibles.

La enseñanza de Jesús era que la devoción *consiste* en estar cerca del corazón del Padre, de tener el mismo sentir del Padre por los perdidos, y renunciar a la comodidad y los recursos materiales para salir a buscarlos y traerlos de vuelta a casa.

> La devoción *consiste* en estar cerca del corazón del Padre, de tener el mismo sentir del Padre por los perdidos, y renunciar a la comodidad y los recursos materiales para salir a buscarlos y traerlos de vuelta a casa.

El hermano mayor hacía todo tipo de trabajo duro en la granja, ¡y se sentía orgulloso por eso! Se sentía tan superior a su hermano que no podía ni siquiera llamarlo por su nombre. Le gritó a su padre: «¡Fíjate cuántos años te he servido sin desobedecer jamás tus órdenes, y ni un cabrito me has dado para celebrar una fiesta con mis amigos! ¡Pero ahora llega ese hijo tuyo, que ha despilfarrado tu fortuna con prostitutas, y tú mandas matar en su honor el ternero más gordo!» (Lucas 15:29–30).

Esa era exactamente la actitud de los fariseos con respecto a sus pecaminosos «hermanos menores» y esa era exactamente su respuesta ante el amor que Jesús sentía por los pecadores.

El hermano mayor de la historia de Jesús, y los fariseos y muchos de nosotros hoy, somos extremadamente devotos, pero por las cosas equivocadas. Nos dedicamos a nuestra reputación, a nuestro prestigio y nuestro poder en vez de dedicarnos a los propósitos del Padre. Al igual que el hermano mayor, trabajamos duro para Él, permanecemos cerca de Él físicamente, pero muy distantes a su corazón. El hermano mayor estaba constantemente cerca del padre, pero no se sentía cautivado por el amor de su padre.

¡Qué tragedia! Cuando pienso en el hermano mayor de la historia, me pone muy triste. Me imagino que despertaba cada día, pensando en sí mismo, sin reconocer cuán quebrantado podía estar el corazón de su padre a causa de la pérdida de un hijo. Nunca se percató de la manera en que su padre se sentaba al frente de la casa, en busca de cualquier señal del regreso de su hijo perdido. Puedo imaginar el dolor en el corazón del padre cuando se dio cuenta de que a su hijo mayor no le importaba su hermano lo suficientemente como para ir a buscarlo.

Si el hermano mayor o los fariseos, o usted y yo, nos interesáramos por el corazón quebrantado de nuestro Padre, no solo cenaríamos con Él, hablaríamos con Él, trabajaríamos para Él y oraríamos a Él. Oraríamos *con Él* por nuestros hermanos perdidos. Y moveríamos cielo y tierra por buscarlos… hasta encontrarlos.

Creo que Jesús quería que la gente, y nosotros, le escucharan aquel día para que imaginaran lo que sucedería si la tercera historia fuera como las otras dos. Quizás habrían imaginado un final muy diferente. Una vez que el joven salió de la casa, el hermano mayor habría hablado y orado con su padre, afligidos por las malas decisiones de su hermano. Al poco tiempo, el hermano mayor habría preparado su equipaje con un poco de ropa para el viaje y saldría a buscarlo. Habría buscado por todas partes hasta que encontrara a su hermano perdido. La búsqueda podría haber tomado meses, pero nada lo habría detenido.

Lo primero que debería haber visto es a su pequeño hermano comiendo sobras en el chiquero. Se habría lanzado al barro con él para abrazarlo y rogarle que volviera a casa. El hermano menor insistiría: «No soy digno de ser llamado hijo de papá nunca más».

Mas el hermano mayor le habría asegurado: «Te has equivocado grandemente, pero aún sigues siendo el hijo de papá y también mi hermano».

El hijo más joven no habría ido a casa solo. En cambio, el padre habría estado mirando calle abajo a dos hermanos mientras caminan tomados del brazo. El hermano mayor habría dejado a su padre y su hermano abrazándose en la calle, y saldría corriendo por la casa gritando: «¡Mi hermano está en casa! ¡Mi hermano está en casa! ¡Preparemos todo para celebrar una fiesta!» Iría corriendo hasta el armario donde sabía que su padre había guardado por varios meses una túnica limpia y un par de sandalias mientras esperaba y oraba por el regreso de su hijo menor. Se las habría llevado a su padre para que pudiera dárselas a su hermano. Los tres habrían hecho un círculo en el medio de la calle, abrazados, llorando y con regocijo. ¡Y la celebración sería la fiesta más grande que la comunidad jamás habría visto!

No obstante, la escena que acabo de describir no sucedió. Los fariseos no amaban a los publicanos ni a los pecadores lo suficientemente como para ir por ellos, conocerlos, cenar con ellos y amarlos. Sin embargo, había alguien que sí los amaba así.

Jesús era el hermano mayor verdadero y supremo. Él hizo lo que los fariseos deberían haber hecho. No solamente abandonó la comodidad de su hogar en Palestina para buscar y encontrar a los pecadores, sino que salió del esplendor inimaginable de los cielos para buscar y morir por los hermanos menores, todos nosotros. El antiguo himno lo describe perfectamente:

> El trono de su Padre arriba dejó
> Tan libre, infinita gracia derramó;
> Se vació a sí mismo de todo, excepto de amor
> su sangre la raza de Adán redimió.[5]

Cuando el Espíritu pone su luz sobre la maravillosa gracia de Jesús, Él funde nuestro corazón y lo moldea nuevamente para que sea más como el suyo. La devoción a nuestra carrera nos hace más como el hermano mayor, pero la devoción al Padre nos transforma y nos da una verdadera compasión por los perdidos y los más necesitados.

¿Hay alguien en su vida que necesita de su amor y aceptación incondicional? ¿Siente que el Espíritu le está animando a llamar o a alcanzar a alguien en amor? Si su vida llena del Espíritu Santo no le lleva a los chiqueros de este mundo en busca de sus hermanos y hermanas perdidos, usted no ha entendido el significado del bautismo

> Cuando el Espíritu pone su luz sobre la maravillosa gracia de Jesús, Él funde nuestro corazón y lo moldea nuevamente para que sea más como el suyo.

en el Espíritu y no comprende el corazón del Padre. Si piensa que el cristianismo es solo hacer lo que Dios quiere para obtener lo que usted quiere, entonces quizás resulte necesario que usted y su Padre tengan una conversación... como la charla que el padre de la historia sostuvo con su hijo mayor.

Dios nos está invitando a la fiesta, y aún más, espera que nos preocupemos lo suficientemente por los inadaptados sociales y los marginados como para encontrarlos y traerlos a casa, y un bautismo de poder nos motiva y nos capacita para hacer eso.

LA CONVERSACIÓN

Yo creo que Dios quiere tener esta conversación con muchos de nosotros, pero primeramente, tenemos que entender por qué el hermano mayor estaba tan enojado.

Se sintió engañado. Sintió que se le había pasado por alto. Sintió toneladas de autocompasión, orgullo y arrogancia. Y respondió con un insulto a la invitación de su padre. Dijo: «¡Mira!» Puedo imaginarlo gesticulando con su dedo hacia al padre mientras lo decía. Este era el mejor día en la vida de su padre en que ¡el hijo perdido había vuelto a casa! Por otro lado, el hijo mayor estaba furioso de que su padre había colmado a su hermano de afecto y aceptación. Dijo: «¡He sido un esclavo para usted!» Es irónico, ¿no es cierto? El hijo más joven arrepentido se ofreció para ser sirviente de su padre, pero el hijo mayor que ofrece resistencia se consideraba a sí mismo como un esclavo... y amargado a cada minuto... ¡a pesar de que su padre lo trataba como a un príncipe! Decía: «¡Mira! ¡Yo soy el fiel! ¡Lo he hecho todo bien! ¿No se ha dado cuenta?» Algunos de nosotros nos sentimos de la misma manera, cuando vemos que las bendiciones de Dios inundan a personas que no han trabajado tan duro o por tanto tiempo como nosotros lo hemos hecho. Queremos gritar: «¡No es justo!» De hecho, no lo es. Es la gracia, y pudiéramos haber estado bañándonos en ella todo el tiempo en la presencia del Padre, pero estábamos demasiado concentrados en probarnos a nosotros mismos como para notar su bondad, su ternura y su delicadeza.

He hablado con pastores que se han resentido por recibir noticias de que Dios ha estado bendiciendo a otras iglesias. ¡Yo he sido uno de esos pastores! Sin embargo, la enfermedad del «hermano mayorítis» no se limita al púlpito. ¡Hay un montón de insignias farisaicas merodeando en nuestras iglesias! Tenemos que escuchar lo que el padre le dijo a su hijo mientras estaban en el campo ese día.

«Tú siempre estás conmigo»

El Padre nos dice que siempre está con nosotros, en tiempos buenos y malos, sin importar las circunstancias. ¿Por qué nos sentimos tan impulsados? Debido a que aún estamos inseguros. A medida que experimentamos el amor sin límites del Padre, podemos descansar, relajarnos y a cambio disfrutar de conocerlo y amarlo. Y dejaremos de comparar nuestra vida, nuestras finanzas y nuestros ministerios con los demás. Estaremos maravillosamente complacidos de saber que le pertenecemos, y Él es todo lo que necesitamos. El enfoque del ser adoptados como hijos no debe ser «qué puedo obtener de mi Padre», sino «¿cómo puedo estar más cerca de mi Padre y cómo puedo ser más como Él?, ¿Cómo puedo agradarle y cómo puedo hacer que Su corazón cante de alegría?»

«Todo lo que tengo es tuyo»

El padre en la historia de Jesús le dejó todo muy claro a su hijo mayor: «Tu herencia no está en peligro por el regreso de su hermano a casa. Todo lo que tengo es tuyo, así que no te enojes porque yo bendiga a tu hermano. Eso no quita nada de lo que tengo para ti». Nuestro Padre nos dice lo mismo a nosotros: «Deja de compararte con los demás; deja de llevar cuentas». (¡Pero si le dio el ternero gordo, y a mí ni siquiera un cabrito!) Nadie puede robar su herencia en Cristo. Relájese. Disfrute del amor del Padre. Usted no tiene que hacer que algo suceda. No tiene que presionar, ni luchar, ni contender con nadie para conseguir lo que es suyo. Su herencia está segura en las manos del Padre.

«*Por favor, celebra conmigo el regreso de tu hermano*»

El padre de la historia le rogó a su hijo mayor que se uniera a la celebración. El regreso de su hijo menor era una respuesta a sus oraciones, ¡era la alegría más grande que hubiera podido imaginar! Y quería que su otro hijo lo celebrara de igual manera. En las primeras dos historias, se celebró una fiesta para el que buscaba y los vecinos. En la tercera historia, nadie salió a buscar, y el que debía haber ido no quería celebrar, incluso cuando su padre misericordioso salió para pedirle que se uniera a la fiesta. Cuando nosotros oímos hablar de las bendiciones de Dios en la vida de otros líderes, el Padre le está diciendo a usted y a mí: «Por favor, deja de pensar en ti mismo y date cuenta que los perdidos necesitan ser encontrados y que los traigan de vuelta a casa. Estaban muertos, pero ahora están a salvo en nuestro hogar. Ya no estaré triste. ¡Estoy emocionado! Por favor, ¡regocíjate conmigo!»

COMPRENDIENDO LA HISTORIA

Cuando leemos el final de la historia, podemos ver algo conmovedor y desgarrador. El padre fue tierno con su furioso y resistente hijo mayor. Se dirigió a él como: «hijo mío». La palabra griega que se utiliza es muy cariñosa. Se podría entender como «mi niño». El padre no le gritó a su hijo, y tampoco lo culpó por no ir a buscar a su hermano. Fue gentil y amable en su invitación. Recuerde, el hermano mayor representa a los fariseos. Jesús le estaba diciendo a estas personas agresivas que condenaban y sometían a recio juicio a las personas: «Hijo mío, no estés tan enojado. Yo amo a estas personas, y si realmente conocieras el amor de tu Padre, tú también los amarías». Mas ellos no entendieron el mensaje. Pocas semanas después, estaban en complot para matarlo.

¿Mora el Espíritu del Señor en usted? Él le ha dado una unción especial para anunciar las buenas nuevas a los pobres, para proclamar la libertad a los que están espiritualmente cautivos o en una prisión verdadera, para sanar a los enfermos y devolver la vista a los ciegos, para liberar a los oprimidos y proclamar el favor de Dios para todo aquel que lo escuche.

Decimos que seguimos a Cristo, pero ¿de verdad lo hacemos? Tenemos que mirar alrededor de nuestro círculo de relaciones. ¿Quiénes están fuera de nuestro círculo? ¿Quiénes son excluidos? Quizás cataloguemos a esas personas de «indignas», pero ignorarlas trae los mismos resultados. ¿Acaso compartimos el evangelio y nos preocupamos por las necesidades solo de aquellos que agradecen nuestros esfuerzos? Jesús no ponía esa restricción. ¿Solo nos acercamos a los que se parecen a nosotros? Jesús amaba incluso a los odiados samaritanos… ¡y a los fariseos también! ¿Acaso evitamos a las personas malolientes, extrañas, a la gente ruidosa, o callada? ¿Nos mantenemos alejados de los que no pueden aportar nada a nuestro éxito? Jesús derramó su vida y su sangre por aquellos que no lo merecen, gente como usted y como yo.

Cada vez que me encuentro una colilla de cigarrillo en nuestro estacionamiento, o veo una caja de cerveza en el asiento trasero de un auto, o me entero de que una pareja gay o lesbiana está en nuestro culto, no me siento indignado.

No trato de cerrar las puertas para mantener alejadas a esas personas. ¡Me siento emocionado! Esto demuestra que nos estamos convirtiendo en el tipo de iglesia que está cautivada por el corazón de Jesús. Él era amigo de los pecadores. Ellos sentían su amor y querían estar con Él. Me gustaría que nuestra iglesia sea conocida como un lugar que también acoge a los pecadores. Tenemos algunos fariseos en nuestra iglesia. Cada congregación tiene los suyos. Pero poco a poco, Dios está cambiando la cultura de nuestra iglesia. La plenitud del Espíritu nos impulsa a amar a los perdidos y los más necesitados tal como lo hizo Jesús. Eso nos impulsa a salir de nuestras áreas de comodidad e ir a otros lugares menos agradables donde encontraremos a nuestros hermanos y hermanas perdidos para rogarles que regresen a casa. Es algo maravilloso que ver.

PIENSE AL RESPECTO...

1. ¿Qué razones hay para que resulte tan fácil racionalizar o justificar ser un «fariseo» hoy en día?

2. ¿Qué quiere decir «seguir a Cristo» y tener «el Espíritu de Dios en nosotros» con respecto a los perdidos y los más necesitados?

3. ¿Cómo definiría y describiría usted su círculo de inclusión y exclusión? ¿Cómo lo describiría Jesús?

SECCIÓN 3

CAMBISTAS DE JUEGO

(LA VOZ DE SCOTT)

CAPÍTULO 6
REGLAS DEL COMPROMISO

Déjenme regresar al día cuando anuncié que iba a haber «un día nuevo» en nuestra iglesia. ¡Los cultos eran estimulantes! Yo estaba tan emocionado por lo que el Espíritu de Dios había hecho entre nosotros. Le había dado a Dios «un minuto» del culto y, Él había dado más, mucho más. Al regresar a la casa después del culto, mi emoción de pronto se convirtió en ansiedad. Pensé: *Oh, no, ¿Y ahora qué? ¿En qué me he metido? ¿Acabo de abrir las compuertas de la locura en nuestra iglesia?*

Quería que el «día nuevo» continuara, pero tenía miedo de todas estas cosas extrañas que pueden suceder si las personas usan mal los dones. Llamé a John para pedir ayuda porque él estaba más adelantado que yo en saber cómo unir todo esto. Nos reunimos el martes para que tuviera tiempo de descargar los principios y prácticas de cómo lo hicieron en *Freedom Fellowship International*. La iglesia de John estaba una década adelantada con respecto a la de nosotros en el conocimiento de cómo administrar los dones públicos en una iglesia contemporánea sin ponerse rara. Escuché todo lo que John tenía que decir y juntos escribimos un «manual del usuario» de dones espirituales para *The Oaks*. Después que lo tuve organizado, lo envié a un par de hombres que respeto y que son profesores de colegio bíblico. Me dieron buenas ideas y retroalimentación.

En ese momento me sentía cómodo hacia dónde íbamos, pero tuve que tomar otro paso importante. El miércoles por la noche me reuní con los ancianos para compartir el «proceso de participación» para que cada creyente se pudiera involucrar en el movimiento del Espíritu en nuestros cultos. Ese paso fue crucial. Estaba comprometido con un liderazgo unificado, en este asunto y en todas las demás materias que enfrentaba la iglesia. Afortunadamente, estaban emocionados por la dirección que yo sentía que Dios nos estaba llevando. Me aseguré que todos entendieran el fundamento bíblico, los principios y las prácticas que íbamos a presentar en *The Oaks*. Me hubiera llevado más tiempo en responder sus preguntas si hubieran estado vacilantes. Necesitábamos estar en la misma página para que pudiéramos apoyarnos en cada paso del camino. Mi rol como líder es informar, alentar y proveer dirección. De hecho, mi rol principal es ayudar a nuestros líderes a que experimenten la presencia y el poder de Dios para que todos nosotros fluyamos en el Espíritu. Si se quiere alistar personas para que participen en un movimiento dirigido por el Espíritu, no se puede hacer solo. La iglesia tiene que participar en un proceso de oración antes de hacer anuncios públicos.

Nuestras «reglas de compromiso» no se escribieron para restringir al Espíritu Santo, sino para proveer claridad y dirección para que cada persona en nuestra iglesia usara los dones del Espíritu de una manera que honrara a

Dios poderosamente. Si las personas entendían el proceso, no se sentirían extrañas o incómodas cuando los dones se ejercitaran.

Dios me alentó que este no iba a ser un movimiento de su Espíritu centrado alrededor de pastores o de algunas personas fluyendo en los dones como si tuvieran una esquina en el mercado de la espiritualidad. Iba a ser un movimiento público para todo el mundo, como escribió Pablo: diversos dones, diversas maneras de servir, diversas funciones (1 Corintios 12:4-6). De acuerdo con Pablo, cuando los miembros del cuerpo de Cristo se reúnen, cada uno tiene algo crucial que ofrecer (1 Corintios 12:27). Sí, estoy en la plataforma cada domingo, pero soy el Proveedor en Jefe y el Principal Seguidor. Como pastor, se me llamó a enseñar y a instruir a otros cómo fluir con la conducción del Espíritu. Mi rol es prepararlos y proveer una estufa para que Dios envíe el fuego del Espíritu.

Durante la semana, y al acercarse el domingo cada vez más, sentí una mezcla de emoción y de temor. Estaba contentísimo con lo que el Espíritu de Dios había hecho el domingo anterior y, quería ver lo que haría una y otra vez. Pero tuve escenas retrospectivas de cosas extrañas que sucedieron en la iglesia cuando yo era un niño y, ¡quería evitar esas cosas desesperadamente! Estaba abriendo una puerta y, no estaba seguro de quién o qué iba a atravesarla. Si sucedía, nuestro «nuevo día» se convertiría en el «día fatal». En vez de tener dos mil quinientas personas emocionadas, expectantes, sensibles, tendría a la hermana fulana bailando en los pasillos con alrededor de cien personas en el remanente que quedara en *The Oaks*. Sí, estaba aterrorizado.

Como probablemente ha adivinado, todo funcionó. El Espíritu se mostró cada semana. El nuevo día continúa. En nuestro estudio, oración y conversaciones, desarrollamos prácticas para la profecía, lenguas e interpretaciones en nuestros cultos de adoración. Estos están accesibles (y adaptables) a cada iglesia que está buscando un «nuevo día».

> En nuestro estudio, oración y conversaciones, desarrollamos prácticas para la profecía, lenguas e interpretaciones en nuestros cultos de adoración.

Creo que el mensaje de Pablo a la iglesia de los corintios acerca del uso de los dones fue instructivo pero no exhaustivo. Su asunto principal era que los dones se debían usar de una manera decente y ordenada, pero hay alguna flexibilidad en cómo la iglesia puede implementar esta flexibilidad. Todo lo que hagamos y, las directrices que usemos, están en línea con las intenciones de Pablo.

RESPECTO A LA PROFECÍA

En su carta a los corintios para aclarar el propósito y expresión pública de los dones espirituales, Pablo explicó: «Pero el que profetiza habla a los hombres para edificación, exhortación y consolación» (1 Corintios 14:3, LBLA). La intención de Dios es edificar, exhortar a las personas para que lo sigan y, consolar a los que están sufriendo (véase además 1 Corintios 14:24, 25).

Dios puede dar una palabra profética a través de cualquier creyente con el propósito de alentar y enseñar a su pueblo (1 Corintios 14:31). A veces me siento incitado a decir: «Noto que Dios quiere hablarnos ahora mismo de una manera especial. Tomemos un momento para escuchar su voz». En tales momentos, el Espíritu puede mover a alguien para que dé una palabra profética en el cuerpo (1 Corintios 14:19–33; 1 Tesalonicenses 5:12).

Podemos pensar en los profetas del Antiguo Testamento oponiéndose a las personas, con una expresión amenazante y, pronunciando juicio sobre ellas. Este no es el modelo del Nuevo Testamento que vemos en Cristo o uno que se alinea con las instrucciones dadas por Pablo en 1 Corintios 14:3. Toda profecía es para aliento, fortaleza y bienestar de otros. Se nos llama a seguir el patrón del ministerio de Jesús. Él era contundente al llamar a las personas a arrepentirse, pero era tierno y gentil con los pecadores. Ellos sabían que Él los amaba, ¡aun cuando estaban pecando! Nuestras palabras proféticas necesitan ser lavadas en la misma clase de amor, perdón y aceptación. Dios no está furioso. Puede que esté decepcionado y apesadumbrado, pero no es áspero. Las palabras que recibimos o damos de su parte deben ser el espíritu (y el Espíritu) de Jesús. Es, Pablo nos dice, la bondad de Dios la que lleva al arrepentimiento (Romanos 2:4) Que toda la profecía hable desde un corazón de bondad y amor. El don público de lenguas es dado como señal a los incrédulos para que ellos se convenzan para arrepentimiento de que Dios está realmente hablándoles.

RESPECTO A LAS LENGUAS E INTERPRETACIÓN

Estos dones son para la edificación de la iglesia, no para edificar la reputación de una persona (1 Corintios 14:5, 12). La manifestación pública de las lenguas es una oración, alabanza o acción de gracias a Dios, sin embargo, funciona como una señal sobrenatural, una señal para convencer a los incrédulos de que Dios está realmente presente en medio de ellos. Cuando Dios les habla, los secretos de su corazón son revelados, haciéndolos caer sobre su rostro para alabar a Dios, reportándole a todo el mundo, «Realmente Dios está entre ustedes» (1 Corintios 14:25).

El don público de lenguas y de interpretación de lenguas no es el mismo que el de profecía. La profecía es para los creyentes (e incrédulos), pero la expresión de las lenguas es primariamente usado como señal (alarma) para obtener la atención de los incrédulos. Como mi amigo John dice: «Dios lo usa como un "llamado sobrenatural al altar"» (1 Corintios 14:25-26). No debería haber más que tres expresiones públicas de lenguas y de interpretaciones (llamados divinos del altar) en una reunión (1 Corintios 14:27).

Si una expresión de lenguas demanda la atención de la reunión corporativa, siempre habrá una interpretación para que las personas en el culto se puedan beneficiar de ella (1 Corintos 14:27, 28). De esta manera Pablo indica que las oraciones inspiradas por el Espíritu Santo, las bendiciones y acciones de gracia se pueden entender y hacerlas propias por los presentes (1 Corintios 14:15, 17). Estas actividades funcionan como señales para los incrédulos de que Dios está demandando su atención para que lo miren, lo amen y lo sigan.

Estas instrucciones bíblicas no impiden el mover del Espíritu. De hecho, le dan al pueblo de Dios una dirección clara y una manera segura para involucrar los dones. Después de todo, nuestras reuniones de alabanza deben ser un laboratorio para aprender el flujo de los dones para que sean más confiables cuando el Espíritu los incite a usar los dones en público. Esa es una de las razones por las que les decimos a las personas que no necesitan dar una profecía o interpretación de lenguas en el español tipo Reina–Valera. Dios puede hablar en español antiguo si así lo elije, pero puede hablar en nuestra lengua vernácula moderna también. Seremos más fructíferos en público si somos más «naturalmente sobrenaturales» en nuestra voz, tono y vocabulario.

SEMANA DOS Y MÁS ALLÁ

El próximo domingo por la mañana, coloqué ancianos al frente en cada sección de los pasillos. Compartí con toda la congregación lo que la Escritura dice: todos podemos profetizar, esperamos que Dios hable a través de todos nosotros, todos debemos escuchar de Dios. Les instruí:

> «Si usted tiene una palabra del Señor durante la alabanza, escríbala y tráigala a uno de los ancianos que están al frente. Ellos la leerán y juzgarán si esa palabra es para el beneficio del culto de ese mismo momento, o para un tiempo posterior, o para algún otro propósito. No se ofenda si no se usa de inmediato. No es palabra suya. Usted es solamente el cartero. Entréguela, eso es todo lo que Dios espera de usted. Que los ancianos juzguen cómo se debe usar en el ministerio de la iglesia».

Además expliqué que habrá momentos en el culto cuando Dios querrá que nosotros estemos quietos y permitamos una expresión pública de lenguas e interpretaciones de lenguas o una palabra profética. Dije:

«Permítanme darles instrucciones acerca de cómo esto funcionará en nuestros cultos. El Señor nos convencerá de que Él quiere hablar, así que o yo o la persona que está liderando el culto se detendrá y dirá: "Siento que Dios quiere hablarnos ahora. Detengámonos y escuchemos". Una de tres respuestas pueden ocurrir: una expresión de lenguas e interpretación (la que es un llamado divino al altar), o una palabra profética, o estaremos callados en la presencia de Dios y permitiremos que hable a cada uno de nosotros mientras escuchamos su voz. Pedimos que solo aquellos que son miembros de buen testimonio aquí en *The Oaks* den una palabra pública. Si no es miembro de *The Oaks*, lo invitamos a participar escribiendo la palabra profética y a traerla a los ancianos al frente; por supuesto, no durante el mensaje, sino durante los cánticos o al final del culto. De esa manera nos podemos asegurar de que todos puedan participar y todo sea hecho decente y ordenadamente de acuerdo con 1 Corintios 14:40. Y sepa esto: Dios no habla el español de la Reina Valera o en tonos ásperos. Él nos habla como nosotros le hablamos a un amigo».

Después de que comenzamos este proceso, estaba sentado en el frente un domingo por la mañana durante las canciones de alabanza y Dios me dijo:

—Quiero hablar.

Respondí.

—Okay, detendré el culto.

Dios dijo:

—Brooks tiene la palabra.

Una fila más allá vi a Paul Brooks, uno de los ancianos de nuestra iglesia. Me volvía a preguntarle si tenía una palabra. Al caminar hacia él, su esposa, Patricia, comenzó a decirle algo. Le pregunté a Paul:

—¿Tienes una palabra?

Me respondió:

—No, pero Patricia sí.

Fueron al frente y, Patricia dio una poderosa palabra del Señor. Era la primera vez que Dios la había usado de esta manera. Habló con tal candidez y quebranto que las personas en toda la iglesia comenzaron a llorar. Patricia es una persona muy tierna. No es de las que se dirige a una habitación llena de personas. Tiene gracia y es respetuosa y, su mensaje se combinó con otros rasgos con claridad y poder. Era obvio que Dios estaba hablando a través de ella. ¡Me encanta cuando Dios obra!

LA ENTREGA

Déjeme ser práctico. Yo no quería que nadie se fuera a casa preocupado. ¿Qué dijo el Pastor Scott acerca de los dones? ¿Qué se supone que haga… y que no haga? Para hacer que nuestra enseñanza sea clara y nuestra práctica bíblica, John y yo escribimos un prospecto para nuestra iglesia. Siéntase libre de usarlo o de adaptarlo para que la use según su situación.[6]

LA PROFECÍA EN
EL CULTO PÚBLICO

1 CORINTIOS 14:3 (LBLA)

«Pero el que profetiza habla a los hombres para edificación, exhortación y consolación».

1 CORINTIOS 14:24–25 (LBLA)

«Pero si todos profetizan, y entra un incrédulo, o uno sin ese don, por todos será convencido, por todos será juzgado; los secretos de su corazón quedarán al descubierto, y él se postrará y adorará a Dios, declarando que en verdad Dios está entre vosotros».

1 CORINTIOS 14:29–33 (LBLA)

«Y que dos o tres profetas hablen, y los demás juzguen. Pero si a otro que está sentado le es revelado algo, el primero calle. Porque todos podéis profetizar uno por uno, para que todos aprendan y todos sean exhortados. Los espíritus de los profetas están sujetos a los profetas; porque Dios no es Dios de confusión, sino de paz, como en todas las iglesias de los santos».

Toda profecía es para edificación, exhortación y consuelo (vv. 3, 24-25).

Dios puede dar una palabra profética a través de cualquier creyente con el propósito de alentar y enseñar a su pueblo (v. 31).

La instrucción para *The Oaks*: si Dios le da una palabra para la iglesia durante el culto tráigala a los ancianos que están al frente, ellos juzgarán si es para ahora o para otro momento. Usted es el cartero. Es la palabra de Dios, no la suya, entonces, no se ofenda por cómo o cuándo se usa esa palabra (v. 29).

«El espíritu del profeta está sujeto al profeta». Para los que dicen «no la puedo retener», sí, se puede (vv. 32–33).

Habrá tiempos cuando el pastor dirá: «Siento que Dios quiere hablarnos a nosotros ahora de una manera especial. Tomemos un momento para escuchar su voz». En estos momentos, se puede dar una palabra especial al pueblo por alguien que sea miembro de The Oaks sin escribirla, si el Espíritu guía a que alguien lo haga (v. 29).

LENGUAS E INTERPRETACIÓN DE LENGUAS EN LA ALABANZA PÚBLICA

1 CORINTIOS 14:5, 12 (LBLA)

«Yo quisiera que todos hablarais en lenguas, pero aún más, que profetizarais; pues el que profetiza es superior al que habla en lenguas, a menos de que las interprete para que la iglesia reciba edificación… Así también vosotros, puesto que anheláis dones espirituales, procurad abundar en ellos para la edificación de la iglesia».

Todo se debe hacer para la edificación de la iglesia (v. 5).

No esté afanado en usar los dones para que crean que usted es importante (v. 12).

1 CORINTIOS 14:22–25 (LBLA)

«Así que las lenguas son una señal, no para los que creen, sino para los incrédulos; pero la profecía es *una señal*, no para los incrédulos, sino para los creyentes. Por tanto, si toda la iglesia se reúne y todos hablan en lenguas, y entran *algunos* sin *ese* don o incrédulos, ¿no dirán que estáis locos? Pero si todos profetizan, y entra un incrédulo, o uno sin *ese* don, por todos será convencido, por todos será juzgado; los secretos de su corazón quedarán al descubierto, y él se postrará y adorará a Dios, declarando que en verdad Dios está entre vosotros».

La expresión pública de las lenguas es dada como señal a los incrédulos para que se convenzan de que el Dios sobrenatural está presente y, es importante responder a Él y a su palabra.

Las lenguas y la interpretación no es lo mismo que la profecía. La profecía es para los creyentes (e incrédulos). La expresión pública de las lenguas es usada primariamente (una alarma) para atraer la atención de los incrédulos para que Dios pueda hablarles a su corazón y llamarlos a salvación. Es un llamado sobrenatural al altar (vv. 22–25).

1 CORINTIOS 14:27–28 (LBLA)

«Si alguno habla en lenguas, que *hablen* dos, o a lo más tres, y por turno, y que uno interprete; pero si no hay intérprete, que guarde silencio en la iglesia y que hable para sí y para Dios».

No debe haber más de tres expresiones públicas de lenguas e interpretaciones (llamado al altar) en una reunión (v. 27).

1 CORINTIOS 14:39–40 (LBLA)

«Por tanto, hermanos míos, anhelad el profetizar, y no prohibáis hablar en lenguas. Pero que todo se haga decentemente y con orden».

Lo esencial:

- Todo el mundo debe desear *fervientemente* profetizar (y todos los dones).

- No debemos *prohibir* hablar en lenguas.

- Todo debe hacerse decentemente y en *orden*.

NOTA IMPORTANTE:

No hay necesidad de profecía ni de interpretación en el español de la Reina Valera. Dios nos habla hoy en nuestra lengua diaria vernácula. No hay necesidad de hablar con ira o en una voz diferente cuando Dios habla a través de usted. Todo esto debe hacerse «naturalmente sobrenatural».

ALGO NUEVO

Lo más emocionante en el mundo es saber que cientos de personas, el centro de nuestro movimiento espiritual, vienen a la iglesia emocionadas porque están deseosas de ver lo que el Espíritu de Dios hará en medio de ellas. Una y otra vez, escucho a las personas decir al entrar: «Pastor Scott, estoy deseoso de escuchar lo que Dios nos tiene que decir hoy... ¡y lo pudiera decir a través de mí!» Saben que tienen una oportunidad. Si Dios les habla a ellos, pudieran levantarse y dar una palabra, hablar en lenguas o una interpretación, o pueden escribirlo en una tarjeta a uno de los ancianos. Pudieran ser incitados por el Espíritu a ministrar a los miembros de sus familias al entrar u orar por un invitado en la muchedumbre. Independientemente de cómo suceda, saben que si Dios les habla, importa. Importa mucho.

Estas personas vienen a la iglesia pensando: *Dios me puede usar a mí hoy. ¡Estoy deseoso de ver lo que sucede!* Cuando la iglesia opera así, no necesitamos temer nunca más al Espíritu. Podemos andar en temor reverencial por sus maravillas.

Aún planeamos nuestros cultos, pero siempre dejamos tiempo para que el Espíritu diga y haga lo que quiera decir y hacer. Todo lo que hacemos está bañado en oración. No es que la parte planificada sea carnal y la parte abierta sea espiritual. Todo es acerca de Dios y, de parte de Dios, pero queremos estar seguros de dejarle espacio suficiente al Espíritu para que obre aparte del programa del culto. Planifiquemos el culto, pero preparamos nuestro corazón para cualquier cosa que Él quiera hacer.

Dios quiere hacer algo nuevo en usted y en su iglesia. Le está preguntando si lo quiere. Todo lo que tiene que hacer es abrir su corazón a su conducción. Dios frecuentemente quiere que «volteemos la página» y experimentemos la frescura de su Espíritu. A través de Isaías, le dijo al pueblo: «Olviden las cosas de antaño, ya no vivan en el pasado.––¡Voy a hacer algo nuevo!» (Isaías 43:18, 19). El escritor a los Hebreos nos recuerda: «Por una parte, la ley anterior queda anulada por ser inútil e ineficaz, ya que no perfeccionó nada. Y por la otra, se introduce una esperanza mejor, mediante la cual nos acercamos a Dios.» (Hebreos 7:18, 19). La venida de Cristo rompió una sequía espiritual de alrededor de cuatrocientos años y, la presencia del Espíritu Santo en Pentecostés trajo un nuevo aire y un fuego fresco al pueblo que confió en Jesús, y a los que iban a confiar debido a su testimonio después de los 120 creyentes.

¿Está usted listo para que un segundo cielo resuene en su iglesia? Deje de planificar su vida y su futuro meticulosamente y, de pedirle a Dios que bendiga sus planes. En vez, vaya a Él y busque su rostro. Esté abierto al movimiento de su Espíritu. El suyo será mejor, su dirección es mejor y, su manera ya está bendecida. Hace mucho, Dios dijo palabras que aún hoy son ciertas:

«Si se humillare mi pueblo, sobre el cual mi nombre es invocado, y oraren, y buscaren mi rostro, y se convirtieren de sus malos caminos; entonces yo oiré desde los cielos, y perdonaré sus pecados, y sanaré su tierra. Ahora estarán abiertos mis ojos y atentos mis oídos a la oración en este lugar; porque ahora he elegido y santificado esta casa, para que esté en ella mi nombre para siempre; y mis ojos y mi corazón estarán ahí para siempre.» (2 Crónicas 7:14–16, RV–1960)

Dios quiere que busquemos su rostro mucho más que su bendición, buscar al Dador más que a los dones. Cuando sentimos su corazón, nuestro corazón se llenará hasta derramarse con su grandeza y gracia. Todos seremos suyos y, todos estaremos dentro.

Si esto es lo que usted quiere, únase en esta oración:

Señor, me humillo ante ti. Tú eres el gran Rey y misericordioso Salvador. Necesito que me llenes. No puedo hacer tu obra sin tu Espíritu guiándome, empoderándome y amando a las personas a través de mí. Quiero tu camino, no el mío. Quiero experimentar tu corazón de una manera fresca. Solo entonces otros sentirán tu amor al yo hablarles, cuidarles y servirles. Necesito el viento fresco de tu Espíritu para que sople en mí en la dirección que tú quieras que yo vaya y, necesito el fuego fresco de tu Espíritu para que le dé combustible a todo lo que haga. Soy tuyo Señor. Soy tuyo.

¿Le dirá que sí a la incitación de Dios? ¿Estará usted abierto a un nuevo día en su vida y en su iglesia? No espere hasta que se sienta completamente cómodo y todas las preguntas se hayan respondido. Ese día nunca vendrá. Estará esperando hasta el fin de los tiempos. Salga con todo lo que sepa, con lo que sienta que Dios lo está guiando a ser y hacer. Si no siente su dirección, ¡por supuesto, no dé ese paso! Pero si la siente, encuentre el valor para tomar su mano y comience la aventura. Todos están esperando por usted. Su familia, sus líderes, su iglesia y su comunidad están esperando por una palabra del Señor. Recíbala, empápese en ella y entonces désela a todos los que usted conozca.

Es un nuevo día. ¿Participará?

PIENSE AL RESPECTO...

1. Estas orientaciones y procesos en este capítulo le dan confianza y paz, o parecen que son demasiado obligadas? Explique su respuesta.

2. ¿Cómo responderían sus líderes al prospecto y a la explicación de los principios y prácticas?

3. ¿Cuáles aspectos de las Reglas de Compromiso le intrigan a usted? ¿Qué partes siente que lo amenazan?

4. ¿Cuál es su siguiente paso?

CAPÍTULO 7

DESDE EL PÚLPITO

Al comenzar el almuerzo con algunos pastores en nuestra área, uno de ellos preguntó:

—Hey, Scott, ¿qué está sucediendo en tu iglesia por estos días?

Le respondí:

—Es sorprendente, en verdad. Profundo… las vidas están cambiando… algo poderoso. Dios se ha estado moviendo de una manera increíble —me detuve por un segundo y entonces dije—, y todo está sucediendo debido a mí.

Todos comenzaron a reírse. Sabían que yo tenía mejores habilidades sociales y conciencia espiritual para que yo reclamara ser la fuente de todas las grandes cosas que estaban sucediendo en la iglesia.

Uno de ellos habló por el resto con una sonrisa y un poco de sarcasmo.

—¡Vaya! Todo está sucediendo debido a ti, ¿eh?

Era una invitación para que me explicara.

Moví la cabeza y les dije:

—Mi intención no fue que saliera de esta manera. Pero de cierta manera, es cierto. Han pasando muchas cosas porque Dios ha estado reprendiéndome mucho y abriendo mis ojos a los lugares oscuros en mi vida. Ha sido increíblemente difícil. Ante Dios y nuestro pueblo, me he confesado y me he arrepentido. Me di cuenta de que había sido el corcho en la botella evitando el flujo del Espíritu de Dios. Había sido el techo que bloqueaba lo alto a lo que Dios quería llevar a nuestra iglesia. Esta situación tenía que cambiar y, el cambio viene de manera dura... por lo menos para mí.

Me pidieron que explicara lo que había sucedido.

El día de Resurrección hubo la mayor asistencia que habíamos tenido en nuestra iglesia, con cerca de 200 profesiones de fe. Pocos días después, fui a una reunión semanal de oración, pero me sentía muerto... como si Dios hubiera quitado su mano de mi vida. Asumí que estaba exhausto de todas las preparaciones y los cultos para Resurrección, pero estaba seguro que había algo que no estaba bien. Realmente, el sentido de la ausencia de Dios me aterrorizó. Llamé a John y le pregunté si me podía reunir con él en su oficina para que él y su grupo de oración oraran por mí.

Solo unos minutos después de haber comenzado a orar, Dios comenzó a darme una comprensión del porqué me estaba sintiendo así. Uno de los hombres tuvo una visión de un mapa del tiempo con una tormenta moviéndose hacia nuestra iglesia.

Dijo:

—Dios quiere derramar aguaceros de su Espíritu en *The Oaks*. Pero si no estás en sintonía con Él te lo perderás. Te estás poniendo ansioso. Has comenzado a desapercibir el Espíritu.

Otro preguntó:

—¿Qué piensas que Dios te dice de los próximos meses en *The Oaks*? ¿Cuál es la trayectoria a la que Él te está llevando?

Respondí:

—Estamos a punto de hacer una serie llamada «En busca de Oz».

Me pidió que le dijera más acerca de la serie. Le expliqué que Oz es buscar las cosas que se necesitan y se quieren, pero sin depender de Dios.

Me preguntó de dónde saqué la idea para la serie y le dije que vino de un pastor en Florida que es amigo mío. Frunció el ceño y me miró a los ojos:

—Esa no es la dirección que necesitas. No verás los resultados que Dios quiere para *The Oaks* a menos que tengas cada palabra, cada idea del Señor.

Otro amigo dijo:

—Scott, estás tratando de ser el Mago. Estás asumiendo que puedes darle el corazón a un hombre de hojalata, un cerebro a un espantapájaros y valor a un león cobarde, pero no puedes. Dios tiene que hacer la obra en las personas. ¿Te has olvidado de eso?

No, no me había olvidado. Entendí lo que estaban diciendo y no diferí. Solo estaba confundido, preguntándome cómo había llegado a este punto. Le pedí a Dios que me mostrara qué hacer. Camino a mi casa recordé que tenía que hablar con mi hijo Dakota acerca de la obediencia parcial, había sucedido algo temprano en la mañana de lo cual yo necesitaba ocuparme. Dios me dio una idea. Le dije a Dakota que leyera 1 Samuel 15 y que escribiera una página acerca de eso. Alrededor de treinta minutos más tarde, bajó con su papel sobre la obediencia parcial del Rey Saúl y cómo Dios le quitó el reinado de Israel porque no confiaba en él. Había entendido el mensaje acerca de los peligros de hacer solo una parte de lo que Dios demanda. Nuestros sacrificios y ofrendas solo son valiosos a Dios cuando provienen de un corazón totalmente rendido a Él: el corazón que lo ama, confía en Él y lo obedece completamente.

UNA PALABRA PARA EL MENSAJERO

Cerca de una hora más tarde, dejé a Dakota en la iglesia para el ensayo de una obra. Tan pronto como estuve solo en el carro, Dios me dijo:

—Hijo, cuando llegues a casa, quiero que vayas a tu cuarto y escribas en un papel sobre Apocalipsis 3, la Iglesia de Laodicea. Dime cómo el pasaje encaja con lo que te estoy diciendo ahora mismo.

Cuando llegué a casa fui a mi cuarto y cerré la puerta. Dije:

—Dios háblame. Quiero saber lo que me estás diciendo.

Abrí mi Biblia y comencé a leer el pasaje:

Escribe al ángel de la iglesia de Laodicea:

«Esto dice el Amén, el testigo fiel y veraz, el soberano de la creación de Dios: Conozco tus obras; sé que no eres ni frío ni caliente. ¡Ojalá fueras lo uno o lo otro! Por tanto, como no eres ni frío ni caliente, sino tibio, estoy por vomitarte de mi boca. Dices: "Soy rico; me he enriquecido y no me hace falta nada";

pero no te das cuenta de que el infeliz y miserable, el pobre, ciego y desnudo eres tú. Por eso te aconsejo que de mí compres oro refinado por el fuego, para que te hagas rico; ropas blancas para que te vistas y cubras tu vergonzosa desnudez; y colirio para que te lo pongas en los ojos y recobres la vista.

Yo reprendo y disciplino a todos los que amo. Por lo tanto, sé fervoroso y arrepiéntete. Mira que estoy a la puerta y llamo. Si alguno oye mi voz y abre la puerta, entraré, y cenaré con él, y él conmigo.

Al que salga vencedor le daré el derecho de sentarse conmigo en mi trono, como también yo vencí y me senté con mi Padre en su trono. El que tenga oídos, que oiga lo que el Espíritu dice a las iglesias» (Apocalipsis 3:13–22).

Después de haber leído cuidadosamente el pasaje, escribí un número de cosas que Dios me mostró:

- El «ángel» de la iglesia es el mensajero, o el predicador. El cambio tiene que comenzar conmigo. Dios quiere que sea un testigo fiel. Él ve en los escondrijos de mi

> No recibiré las verdaderas riquezas de Dios aferrándome a las cosas de este mundo. Solo las obtendré de Él.

corazón, si soy caliente o frío. Él sabe que soy malo, vergonzoso, pobre, ciego y estoy desnudo.

- Dios viene lleno de gracia a mí con oro refinado en el fuego, el oro que está en el proceso de purificación continua. Lleva tiempo, calor y precisión. No recibiré las verdaderas riquezas de Dios aferrándome a las cosas de este mundo. Solo las obtendré de Él.

- Dios quiere darme ropas blancas para cubrir mi vergüenza y mi desnudez, ropas que Él ha hecho específicamente para mí, un ministerio de sastre diseñado para la familia de *The Oaks* y para mí. Además, Él me dará ungüento para los ojos para que yo vea claramente las cosas del Espíritu, las cosas que Dios quiere mostrarle a nuestra iglesia.

- Dios me disciplina y me reprende porque me ama. Él es mi Padre que me ama de la misma manera que yo amo a Dakota y quiero que él aprenda y crezca y se convierta en el hombre que Dios quiere que sea. Yo amo a mi hijo muchísimo. Quiero que me escuche y que abra su corazón a la verdad que necesita oír. Dios me dijo: «¡Así es cómo me siento contigo! Por favor no seas terco. Escucha lo que te estoy diciendo. Toma las cosas en serio y arrepiéntete. Este es un asunto grande. Si te convertirás en la persona que quiero que seas, tendrás que confiar en mí a un nuevo nivel completamente nuevo. Todo lo que necesitas está en mí, no en otro lugar».

- Jesús dice: «He aquí yo estoy a la puerta y llamo. Abre tu corazón y déjame entrar. Quiero hablar contigo. Tómate el tiempo para sentarte y cenar conmigo. Te diré todo lo que necesitas saber y te alimentaré con todos los nutrientes que necesitas. Entonces serás capaz de tomar esa palabra y ese alimento y dárselo a mi pueblo. Confía en mí. Yo conozco mejor que tú lo que ellos necesitan. Dales lo que yo te doy, nada más y nada menos, y entonces verás verdadero arrepentimiento, cambio, libertad y fruto eterno».

• Jesús me está diciendo, «si haces esto, te premiaré. Te daré un lugar cerca de mí. Te daré la victoria como nunca antes la has experimentado. Confía en mí, hijo. Confía en mí».

Me sentí confundido y avergonzado. Le pregunté al Señor:

—¿Cómo sucedió esto? ¿Cómo lo llegué a arruinar así? ¿He pecado? ¿Me estás diciendo que confiese a las personas el domingo?

Me dijo:

—Si haces la serie Oz tal como la estabas planeando, es solo porque has enviado cincuenta y cinco mil invitaciones a la comunidad y has invertido tiempo y dinero para crear un set para ejecutarla. Sí, si te mantienes en esa dirección, es pecado porque ahora sabes que te estoy diciendo que hagas algo diferente.

La palabra del Señor fue clara como el agua. El escenario para la serie ya estaba terminado y yo sencillamente planeaba romperlo. Antes de que la demolición comenzara, le pregunté a Dios:

—Entonces, ¿qué quieres que haga?

Me dijo que mantuviera el esquema y que entonces lo desmantelara cada semana, poco a poco, hasta que la plataforma estuviera totalmente limpia excepto por la cruz.

El Señor me dijo que confesara cada semana lo que había planeado hacer y, entonces le dijera a la congregación lo que Dios me dijo que hiciera. Ellos (y yo) verían la tremenda diferencia entre mis ideas y las de Él. Cada semana empleamos tiempo durante el culto para derribar parte del Oz establecido en la plataforma y lo sacábamos. Cada semana «despejábamos la plataforma» de cualquier cosa que no fuera una idea que provenía de Dios. No la necesitábamos. Fue una distracción y, si continuábamos con la serie de acuerdo con mis ideas, las ayudas iban a ser un ídolo, algo que estábamos tratando de hacer para ayudar a Dios en vez de confiar en que sus instrucciones eran suficientes.

MUY SEMEJANTE A PEDRO

Oré y le pregunté:

—Señor, ¿estoy actuando como Saúl en 1 Samuel? ¿Es esto una rebelión? ¿Es esto como la iglesia en Laodicea? ¿Me vomitarás de tu boca?

El Señor respondió lleno de gracia:

—No, Scott, tú eres más parecido a Pedro que a Saúl.

Creo que es alentador. Me recordó que Pedro siempre estaba tratando de ayudar a Jesús. Pensaba que tenía que corregir los planes de Jesús y ajustar su plan. Recuerde, Jesús le dijo a Pedro que tenía que ir a la cruz y sufrir en las manos de los líderes religiosos. Eso no encajaba en los planes de Pedro para el futuro, para Jesús o para sus seguidores. Pedro trató de corregirlo:

—¡No, Señor, eso no!

Jesús le dio su propia corrección:

—Apártate de mí Satanás. No estás pensando con los pensamientos de Dios sino con los tuyos. Deja de ayudarme porque no estás ayudando (Mateo 16:23, paráfrasis del autor).

Aun en la última cena cuando Jesús trató de lavarle los pies a Pedro, Pedro retrocedió e insistió:

—No, nunca me lavarás los pies.

Pero Jesús le dijo:

—A menos que te lave, no tendrás parte conmigo.

Parece que Pedro captó la idea. Probablemente gritó:

—Entonces, Señor, ¡no solo los pies sino también las manos y la cabeza! (Juan 13:6–9).

Cuando pensé en la historia, el Señor me reprendió:

—Scott, deja de intentar dirigir lo que estoy haciendo. No trates de quitarle o de añadirle… solo haz lo que digo.

En esta conversación con Pedro, Jesús predijo que su extrovertido, confiado seguidor le fallaría tres veces en las próximas horas. Pero una vez más, Pedro pensó que sabía más que Jesús.

—¡De ninguna manera! ¡Nunca te negaré!

Pero estaba equivocado. Después de la tercera negación de Pedro, el gallo cantó. En ese instante Jesús miró directamente a Pedro, y el pescador «saliendo de allí, lloró amargamente» (Lucas 22:61, 62).

Hasta Pentecostés, Pedro no pudo escuchar a Jesús ni recibir lo que Él dijo. Pedro tenía que estar en control, estar en control de los planes de Jesús y, ¡no le funcionó muy bien! Pero Jesús no lo desechó. Después de la resurrección, Pedro y otros seguidores estaban pescando, y a la luz de la mañana vieron a Jesús parado en la orilla. ¡Pedro saltó y nadó hacia

Él! En una restauración tierna y poderosa después de un desayuno con pescado, Jesús le preguntó a Pedro tres veces: «¿Me amas?» Las preguntas atravesaron a Pedro. Tres veces lo había negado aun conociendo a Jesús y, ahora Él le pidió tres veces un nuevo compromiso de amor y lealtad. Pedro se humilló y se arrepintió, y fue restaurado.

Jesús le dio a Pedro un rol crucial en la iglesia: «alimentar a sus ovejas». Pedro se convirtió en el líder de la iglesia primitiva. En efecto Jesús estaba diciendo: «Confía en mí que sé lo que mis ovejas necesitan. Aliméntalas de lo que te doy para que las alimentes. Deja de tratar de ayudarme. Deja de añadir tus ideas a las mías. Te estoy llamando a un nuevo nivel de amor y confianza. Hablarás mis palabras, nada más y nada menos» (Véase Juan 21:1–21).

Ese fue el mensaje de Dios para mí también.

A nuestro pueblo en *The Oaks*, le confesé que no soy el Mago de Oz. No tengo nada que darles para curar el corazón de ellos, proveer sabiduría para sus vidas, infundir valor para enfrentar los dolores del corazón, sanar familias, restaurar matrimonios quebrantados o liberarlos. Solo Dios puede hacer eso.

Ese día en la plataforma, «tiré de la cortina» y les dije que iba a seguir a Cristo con todo mi corazón, y los alenté a seguirlo también.

El Señor me dijo que si hacíamos esto correctamente, si me arrepentía como Pedro, traería el derramamiento que Él quería traer y haría lo que hizo en Hechos 2 a través de la predicación y el liderazgo de Pedro. El hombre descrito en los primeros capítulos de Hechos es una persona muy diferente a la que vimos en los Evangelios. Pedro se hizo humilde, sumiso y flexible en las manos del Espíritu. Fue lleno del Espíritu y vacío del egoísmo y orgullo. Fue entonces cuando el poder de Dios fue derramado mientras miles se arrepentían y eran verdaderamente cambiados, para la gloria de Dios, y la iglesia experimentó una explosión de pasión y crecimiento.

> Como pastores y líderes, podemos insistir en nuestros planes o podemos confiar que los planes de Dios son mejores.

Nosotros tenemos una elección: ser como el Pedro de los Evangelios o como el Pedro de los Hechos. La diferencia es un encuentro profundo con Jesús, que cambia la vida. Como pastores y líderes, podemos insistir en nuestros planes o podemos confiar que los planes de Dios son mejores. Si creemos que Él es el mejor, necesitamos escuchar de nuevo y entonces actuar con base en lo que Él nos diga.

UN NUEVO COMPROMISO

Jesús dijo: «No hago por mi propia cuenta, sino que hablo conforme a lo que el Padre me ha enseñado» (Juan 8:28). Le hice un voto a nuestra iglesia: «Nunca más me pararé en este púlpito, o en otro púlpito, a decir algo que no haya recibido de Dios». A veces ha sido muy incómodo esperar a que me hable y me dé un mensaje (recuerde, soy un tipo muy organizado). Pero Dios siempre ha venido al rescate para darme un mensaje directamente de Él.

No estoy diciendo que no debemos escuchar a otros pastores y obtener ideas de ellos. Eso es parte de la manera en que funciona el cuerpo de Cristo. Pero cuando escuchamos a otros pastores, necesitamos preguntarle a Dios lo que quiere que nosotros enseñemos y prediquemos. Si Él dice: «Sí, adapta ese mensaje para tu iglesia», entonces hágalo. Pero si dice: «No, tengo algo diferente para ti», entonces escuche y obedezca. No dependa de otros pastores; dependa de Dios. No prepare su mensaje y luego pida a Dios que lo bendiga. Pídale a Dios sabiduría y dirección para su mensaje, luego estudie y sumerja su preparación en oración.

Dos semanas después que Dios me habló acerca de obtener mis mensajes de Él, preparé una conferencia nacional de pastores de iglesias grandes. Todo el propósito fue que cada uno de nosotros trajera nuestras tres mejores series de bosquejos de sermones, videos y gráficos para compartirlos entre nosotros. Fue exactamente lo que Dios me había estado diciendo que no hiciera, pero la conferencia había sido planificada muchos meses atrás. Al final del evento, me levanté y le dije al grupo lo que el Señor me había estado diciendo acerca de escucharlo a Él primero. Algunos fueron conmovidos y lloraron y, otros se airaron. Eso está bien. Tenía que ser fiel a lo que Dios me había dicho.

Esto no es un método anti–intelectual. No estoy sugiriendo que echemos a un lado nuestros estudios y confiemos en la espontaneidad. No es eso en lo absoluto. Estoy diciendo que debemos escuchar al Señor, obtener dirección de Él y luego estudiar y orar como locos para hacer el mensaje profético tan claro y poderoso como sea posible. Y debemos escuchar a los mejores predicadores en la tierra para recibir inspiración, aliento personal y crecimiento espiritual. De hecho, aún tenemos eventos para pastores para que compartan sus mejores sermones, pero ahora infundimos nuestra perspectiva, corazón y valores en el evento. Explicamos que la mejor manera de ser creativos es estar fuertemente conectados con el Creador. Comenzamos orando en el Espíritu y le decimos a

> Estoy diciendo que debemos escuchar al Señor, obtener dirección de Él y luego estudiar y orar como locos para hacer el mensaje profético tan claro y poderoso como sea posible.

la gente que use solamente los mensajes y los conceptos que Dios les ponga en su corazón. Nada más.

Este método está impregnando el grupo de liderazgo de nuestra iglesia. Solía decirles cada martes el tema que planeaba predicar y les pedía aportes. Ahora les pido que oren y le pidan a Dios lo que quiere decir a nuestra iglesia. La mayoría del tiempo, después de una semana de oración, todos tenemos el mismo tema en nuestro corazón. El Señor puede habernos dado diferentes pasajes de la Escritura, pero esto hace que la adoración sea más rica y más profunda. Frecuentemente, Clayton inicia con una canción que ha escrito y ésta encaja perfectamente con el mensaje que Dios ha puesto en el corazón de todos. Le digo, ¡es emocionante predicar cuando Dios ha hablado al equipo de liderazgo y a través de él! Ya no es un asunto de nuestras mejores ideas y de nuestros mejores planes. Es un asunto del corazón de Dios, del mensaje de Dios y del deseo de Dios de conectarse con toda persona que entra a través de nuestras puertas. No somos nosotros «haciendo iglesia»; es estar empapado en Dios, es dejarse llevar por Dios, es empoderarse de Dios y es estar ordenado por Dios.

Este método me ha dado más confianza, más denuedo, más humildad y, más compasión que nunca antes. No es algo malo para un pastor, ¡especialmente para mí!

Pablo le recordó a los corintios de dónde proviene la maravilla de la verdad:

Sin embargo como está escrito:
Ningún ojo ha visto,
ningún oído ha escuchado,
ninguna mente humana ha concebido
lo que Dios ha preparado para quienes lo aman.
(1 Corintios 2:9)

Casi con seguridad, nuestra predicación cambiará a medida que Dios nos humilla y restaura. Esta es una lección que no olvidaré pronto.

PIENSE AL RESPECTO...

1. ¿Cuáles son algunas de las señales de que estamos dirigiendo según nuestros planes en lugar de hacerlo según los planes de Dios?

2. ¿Cuál es la diferencia entre el Pedro de los Evangelios y el Pedro de los Hechos?

3. ¿Qué le está diciendo Dios acerca de su sujeción, orgullo y humildad y su predicación?

CAPÍTULO 8

DETRÁS DE LAS PUERTAS CERRADAS

El día nuevo no fue solamente para nuestra iglesia. Fue igualmente o más para mí. Un día estaba orando y, sentí al Señor diciéndome: «Bautízate en agua». Eso fue realmente raro porque mi padre me había bautizado en agua cuando tenía ocho años de edad. Estaba confundido. ¿Por qué quería Dios que hiciera algo que podría causar que la gente cuestionara mi salvación? Era raro. Para empeorar las cosas, mi sobrina de catorce años se me acercó y me preguntó:

—Oye, tío Scott, ¿cómo te va con tu depresión nerviosa?

Me reí y le pregunté:

—¿De qué estás hablando, Kaylee?

Ella sonrió.

—De la depresión que tienes. Te mantienes diciéndole a la gente cómo Dios te está mostrando todas las cosas que has estado haciendo mal. ¿No te está volviendo loco? Me pregunté cómo te va a ti.

Ella pudo darse cuenta que no estaba seguro de que lo que estaba diciendo era en serio, entonces me aseguró:

—Solo estoy jugando contigo, Tío Scott. Lo que estás haciendo es realmente poderoso y honesto.

Okey, mi propia sobrina piensa que estoy loco y ahora Dios me está diciendo que me bautice. ¡Todo el mundo estará seguro de que he perdido la cabeza! Entonces se me ocurrió. Dos semanas más tarde, yo dirigiría un viaje a la Tierra Santa y no hay nada extraño en bautizarse en el Jordán.

Había acabado de terminar el fin de semana de *Búsqueda de la Libertad* y John me había llevado a través de las doce semanas del material de seguimiento para solidificar mi progreso (más de esto en el capítulo once). Dios estaba haciendo cosas asombrosas para liberarme y darme un corazón apasionado para Él. Me di cuenta que bautizarse era un símbolo de que el viejo Scott había muerto y que un nuevo Scott había nacido. El viejo Scott que siempre necesitaba una afirmación constante porque estaba inseguro, el viejo Scott que confiaba más en la visión de otros pastores que la visión de Dios, el viejo Scott que tenía que controlarlo todo para que pudiera parecer bueno, necesitaba yacer en una tumba. En su lugar, Dios estaba levantando a un nuevo Scott a una nueva vida; una que fuera más segura, más libre, más sensible a la voz del Espíritu y más apasionada por las cosas correctas como nunca antes. No había vuelta atrás. El bautismo fue el perfecto símbolo para la transformación que Dios estaba haciendo en mi vida.

Llamé al equipo que organizaba el viaje a la Tierra Santa para asegurarme que podíamos tener tiempo en el Río Jordán para que me bautizara. Algunos otros en nuestro grupo se querían bautizar ahí también.

Volamos a Tel Aviv. En la oscuridad del avión, parecía como que era el único que estaba despierto. Y allí sentado yo oraba. Le dije al Señor: «Realmente creo que me has hablado acerca de bautizarme, pero sería verdaderamente grandioso si me lo confirmaras». Como una nueva disciplina espiritual, le venía pidiendo al Señor que me pusiera pasajes de la Escritura en mi mente. Tan pronto como le pedí a Dios que me confirmara la impresión, una cita bíblica saltó a mi cabeza: Lucas 12:50. La busqué y la leí. Jesús les estaba diciendo a sus discípulos: «Pero tengo que pasar por la prueba de un bautismo, y ¡cuánta angustia siento hasta que se cumpla!» Jesús no estaba hablando de un bautismo de agua. Su bautismo había sucedido al principio de su ministerio. Estaba hablando del bautismo de su muerte para pagar los pecados, que era aún más poderoso para mí, porque ya había sido bautizado y estaba experimentando un tipo de muerte a mi propio egoísmo. En la soledad del avión, tuve un sentido abrumador de la presencia de Dios. ¡Fue impresionante!

Al sexto día del viaje, llegamos al lugar del Río Jordán donde muchas personas se bautizan. Pero había un problema. Era día festivo y el lugar estaba cerrado. Nuestro guía no estaba desalentado. Él dijo: «Conozco un parque que está abierto hoy. Está como a una milla del lugar donde Jesús probablemente fue bautizado». ¡Estábamos súper emocionados!

Unos minutos más tarde estaba parado en el Río Jordán con varios de los miembros de la junta y otros amigos cercanos a mi alrededor. Les dije: «No quiero ser el viejo Scott que he sido en el pasado. Mi inmersión y salida hoy simboliza un nuevo yo, caminando con el Espíritu y empoderado por el Espíritu, totalmente devoto a la voluntad del Padre. Quiero ser como Jesús, haciendo solo lo que el Padre me diga que haga y diciendo solo lo que el Padre me diga que diga». Fue un momento glorioso en mi vida.

> Día tras día, mi orgullo ha sido aplastado, pero como las uvas, el hecho de ser aplastado ha producido un vino delicioso de gratitud e intimidad con Dios.

No obstante, no fue el final de la transformación. De hecho, fue solo el comienzo. Al ser más honesto y abierto con Dios, Él me ha mostrado muchos otros motivos sucios y torcidos en mí que los que había visto antes. En sus fuertes y gentiles manos, me ha llevado a través de cada capa, exponiendo el pecado y dándome más libertad, gozo y fortaleza. Ha sido brutal y maravilloso al mismo tiempo. Día tras día, mi orgullo ha sido aplastado, pero como las uvas, el hecho de ser aplastado ha producido un vino delicioso de gratitud e intimidad con Dios.

Una bella descripción de este tipo de cambio está en *La travesía del viajero del alba* de C. S. Lewis. Eustace es un niño egoísta que ha encontrado un tesoro fabuloso. Egoístamente almacena lo que ha encontrado y se va a dormir con él. Cuando se levanta, no es más un niño; es un dragón, una señal externa de la ambición interna. Se da cuenta de que está aislado de sus amigos y llora grandes lágrimas de dragón.

Aslan, el león, que es un símbolo de Cristo en estas historias aparece y lleva a Eustace a un jardín en la cima de una montaña. El niño–dragón tiene dolor por una pulsera de oro que se había puesto cuando era un niño pero ahora está demasiado ajustada en sus grandes brazos de dragón. Eustace quiere meterse en un lago de agua para aliviar su dolor, pero Aslan le dice que se tiene que desvestir primero. Con sus garras, Eustace comienza a rasgar su piel escamosa. Se despega una capa solo para descubrir otra... y otra. Después de tres capas, se da cuenta de que su situación es desesperante. Nunca puede deshacerse de su horrible piel por sí mismo.

—Tendrás que dejar que te desvista —dijo Aslan.

Eustace le teme a Aslan, pero también está desesperado. Yace sobre su espalda. Esto es lo que experimenta:

El primer rasgón que hizo fue tan profundo que pensé que había ido directo al corazón. Y cuando comenzó a tirar de la piel, me dolió más que cualquier cosa que había sentido antes. Lo único que me permitía soportarlo era solamente el placer de sentir que me quitaban aquella piel... Bueno, me arrancó aquella piel de bestia... tal como pensé que yo había hecho las otras tres veces, solo que no dolía, y ahí estaba tirada en la hierba: solo que era mucho más gruesa y, más oscura y más nudosa que las otras. Y ahí estaba yo tan liso y suave como una vara despellejada y más pequeño de lo que había sido. Entonces me agarró, no me gustaba mucho porque estaba muy tierno por debajo ahora que no tenía piel, y me lanzó al agua. Ardió intensamente pero solo por un momento. Después de eso se hizo algo perfectamente delicioso y tan pronto como comencé a nadar y a salpicar vi que todo el dolor se me había quitado del brazo. Y entonces vi por qué. Me había convertido en un niño de nuevo... Después de un tiempo el león me tomó y me vistió... con ropas nuevas.[7]

La experiencia de Eustace describe perfectamente el proceso por el que Dios me estaba llevando. Su piel escamosa era una metáfora de mis relaciones con mi familia, mi integridad y mi vida de oración.

MI FAMILIA

Durante esta etapa de mi vida y ministerio, John y yo decidimos llevar a su hijo, Nehemías, y a mi hijo Dillon, a Haití durante las vacaciones de primavera con uno de nuestros ministerios de compasión, Convoy de Esperanza. Visitamos alrededor de quince orfanatos ahí. Durante el viaje Dillon y yo experimentamos alguna tensión. Él se molestaba conmigo por cualquier cosa y yo contraatacaba aún más fuertemente. Parecíamos más unos amigos competidores que padre e hijo. Yo esperaba que nadie lo notara, ¡pero estaba seguro de que John había visto lo suficiente!

Cuando regresamos a casa, saqué a Jenni y a los niños a cenar. En la mesa esa noche, Dillon me corrigió de nuevo por algo tan pequeño que ninguno de los dos podemos recordar lo que era. Pero eso colmó la copa. Ladré: «¡Déjame decirte algo! Es mejor que cierres la boca a partir de este momento. ¿Me entiendes, hijo? Te lo estoy diciendo, ¡se acabó!»

Los ojos de Jenni estaban tan grandes como platillos. Ya se puede imaginar que la cena con la familia esa noche no fue la experiencia más agradable de mi vida... o de la de ellos. Se podía cortar la tensión con un cuchillo.

Esa noche, Jenni y yo hablamos hasta las 2:00 de la mañana. El momento crucial ocurrió avanzada la conversación. Le dije:

—Ves todo lo que Dios está haciendo conmigo en la iglesia. Es increíble, pero no soy el hombre que debo ser en la casa. Estoy haciendo un compromiso contigo esta noche que *seré* respetado en nuestro hogar.

Su voz se suavizó (lo que es una buena señal de que yo necesito escuchar), y dijo:

—Quizás necesites convertirte en una persona digna de nuestro respeto.

Al día siguiente hablé con John de la escena en el restaurante y mi conversación con Jenni. Él dijo:

—Jenni está en lo cierto. Tú sabes cuál es el problema, ¿verdad?

Debí haber parecido confundido porque no esperó mucho por la respuesta. Continuó.

—Scott, tu hogar está en un hilo. Tú no eres el líder espiritual de tu hogar.

—¿Qué debo hacer? —le pregunté.

—Ve y ora por eso —dijo—. El Señor te mostrará.

Mientras oraba el Señor me llevó al pasaje en Efesios 5 acerca de los esposos y esposas. Estaba claro como el agua. Dice:

«Esposos, amen a sus esposas, así como Cristo amó a la iglesia y se entregó por ella para hacerla santa. Él la purificó, lavándola con agua mediante la palabra, para presentársela a sí mismo como una iglesia radiante, sin mancha ni arruga ni ninguna otra imperfección, sino santa e intachable. Así mismo el esposo debe amar a su esposa como a su propio cuerpo. El que ama a su esposa se ama a sí mismo, pues nadie ha odiado jamás a su propio cuerpo; al contrario, lo alimenta y lo cuida, así como Cristo hace con la iglesia.» (Efesios 5:25-29)

El Señor me preguntó:

—¿Estás orando por Jenni, de verdad? ¿Estás ayudándola con todas las ansiedades de estar casada contigo y criando a tres hijos? ¿Estás alimentándola y cuidándola para que se convenza de que te deleitas en ella? ¿Le estás hablando en su lenguaje de amor? ¿La estás valorando y protegiendo para que se sienta completamente salva y segura?

Esas preguntas no venían de la nada. El Señor me recordó incidentes (demasiados para contarlos) cuando no había sido el esposo que necesitaba ser. Unas semanas antes de estas revelaciones, nuestro teléfono sonó por la madrugada. Lo oí, pero actué como si no lo hubiera oído. Jenni respondió. Era mi hijo, Hunter. Había sentido fatigas y había vomitado en el auto y estaba pidiendo ayuda. A la mañana siguiente, Jenni me dijo que se había levantado, vestido y había conducido a encontrarse con Hunter en plena madrugada. Lo ayudó a limpiarse y entonces regresó a la casa.

Cuando le conté esto a John (no se lo había confesado a Jenni todavía) me preguntó:

—¿Por qué no respondiste el teléfono y fuiste a ayudar a tu hijo?

Respondí:

—Estaba cansado. Quería dormir.

¡De alguna manera sentí que mi respuesta no sonaba a verdad, amor e integridad! John me miró por un par de segundos y me dijo:

—Entonces, tu necesidad de descanso era más importante que la necesidad de descanso de Jenni. ¿Es así cómo lo ves?

Después de la cena esa noche, le pedí a mi familia que se reuniera conmigo. Les dije que no había sido el líder siervo de nuestro hogar. Confesé que no los había amado de la manera que Dios quería que los amara, que había tenido una doble moral por lo que veía en la televisión y lo que les decía a otros que podían ver, y una serie de otros fracasos como esposo y padre. Tomé el consejo de Jenni. Les pedí que me perdonaran y dije:

—No exigiré que me respeten. Seré la clase de esposo y de papá que sea digno de su respeto. Me lo ganaré.

Comencé a escribirles un devocional todos los días y se los enviaba. Dakota es el único de mis hijos que es lo suficientemente joven para estar aún en casa. Encontramos un par de ocasiones todas las semanas para reunirnos y hablar acerca de las pensamientos en los devocionales. Comencé a orar no solo *por* mi esposa e hijos sino *con* ellos. Cuando Dillon y Hunter están en casa, los reúno a todos para poder orar por ellos y pedirle a Dios que los bendiga y los guíe.

Jenni le ha dicho a la gente que el cambio en mí ha hecho toda la diferencia en su mundo. Por primera vez no siente que tiene cuatro hijos que atender. Ahora tiene un esposo. Yo había sido el «hijo más dócil» porque hacía todo lo que

> Las personas que asistían a *The Oaks* el domingo por la mañana habían visto un gran cambio en mi liderazgo, pero ahora Jenni y los muchachos estaban viendo un cambio real en la intimidad del hogar.

ella me pedía que hiciera, pero aún actuaba más como un niño, un niño malcriado, que como el esposo fuerte y amante que necesitaba ser. Eso estaba cambiando. Las personas que asistían a *The Oaks* el domingo por la mañana habían visto un gran cambio en mi liderazgo, pero ahora Jenni y los muchachos estaban viendo un cambio real en la intimidad del hogar.

INTEGRIDAD

Algunas personas mienten porque temen perder la aprobación de los demás y otras personas mienten porque la verdad es incómoda. Yo he mentido por ambas razones. Por supuesto, no las llamaba mentiras. Eran exageraciones, hipérboles o verdad selectiva. Si algo era bastante bueno, frecuentemente embellecía la historia para hacerla mejor. Si era mala, hacía que la historia fuera un poquito peor para ganar simpatía, o minimizaba el problema para que yo no pareciera que tenía la culpa. ¿Por qué hacía todas estas cosas? Para impresionar a las personas con lo bueno y salir del problema cuando yo lucía mal. Sombreaba la verdad por un tiempo tal que se convertía en una segunda naturaleza... hasta que mi buen amigo John y el Espíritu Santo me acorralaban en amor.

Hace alrededor de un año, me invitaron a asistir a una conferencia de liderazgo para que hablara de lo que Dios estaba haciendo en *The Oaks*. Una mañana cuando estaba reunido con John, dije:

—¿No sería grandioso si fueras conmigo?

Se sonrió y asintió:

—Sí, creo que sí.

Le dije:

—Llamaré al director del evento y lo arreglaré. ¡Será grandioso!

Una hora o dos más tarde, llamé al caballero y le dije:

—A mi amigo John Bates le encantaría ir a la conferencia. ¿Estaría bien? Instantáneamente me di cuenta de que hice que sonara como si John hubiera pedido la invitación. Quise aclarar mi comentario, pero las palabras de retractación me salieron.

El próximo día le conté a John mi conversación con el director. Traté de apurarme para que no notara nada, pero me detuvo. Dijo:

—No, espera, Scott. No fue así la manera en que sucedió. Tú me invitaste. Yo no me invité. Me has puesto en una posición incómoda —hizo una pausa por un segundo y entonces dijo—: sabes que tendrás que arreglar eso, ¿verdad?

Quería desaparecer de la habitación, pero aún estaba sentado. Sabía que tenía que llamar al director. Le dije:

—Tergiversé mi conversación con John. Él no me pidió ir. Yo lo sugerí y entonces se lo dije a usted de una manera que no fue completamente correcta. No es su idea la de ir. Fue completamente mía. Por favor, perdóneme.

John quería estar seguro de que el director había entendido el mensaje, así que también llamó y dijo:

—Scott me ha llamado tres veces hoy para estar seguro de que yo sabía la verdad. Todos estamos claros. No hay problema.

Quisiera que este fuera el único ejemplo de mi necesidad de arrepentirme por sombrear la verdad para mi beneficio, pero no lo es. Gradualmente, me he vuelto más sensible a mi tendencia a exagerar o a falsear situaciones, entonces ahora soy más capaz de limitarme a la verdad completa antes de pecar. ¡Eso es progreso real! Tengo años de hábitos que superar, pero el Espíritu y John están acorralándome. El cambio está sucediendo.

MI VIDA DE ORACIÓN

Un día hablaba con John de mis hijos. Le dije que estaba luchando con temores acerca de su futuro. No estaban consumiendo drogas o nada por el estilo, pero yo sabía de las tentaciones que todo joven enfrenta, y me preocupaba.

John preguntó:
—¿Qué dice la Palabra de Dios de esos temores?
Me encogí de hombros.
—No estoy seguro.
Explicó:
—Tenemos armas espirituales de oración, pero con demasiada frecuencia, son como pistolas sin balas.

Necesitamos las municiones de una palabra profética, el poder para demoler fortalezas. Necesitas una palabra profética para cada uno de tus hijos.

Eso sonaba bien, pero no estaba seguro de qué hacer. Pregunté:

—Está bien, me uno, pero ¿qué hago?

Me miró como Jesús debió haber mirado a Felipe cuando le pidió que le mostrara al Padre. John como que sacudió la cabeza y dijo:

—¿Qué crees? Ora por eso.

Le pedí a Dios que me diera una palabra para Dillon, Hunter y Dakota, y lo hizo. Fue maravilloso. Mis oraciones fueron claras, directas, poderosas y confiadas. Dejé de insistir en cambios que quería ver en sus vidas y comencé a confiar que Dios iba a cumplir su palabra que me había dado a su manera y a su tiempo. Oré las palabras proféticas por alrededor de cuatro meses antes de que les dijera lo que Dios me había dado para ellos.

El principio se aplica a toda área de la vida:

- Identifique el área de la ansiedad, o preocupación. No la minimice o la niegue.

- Pida a Dios una palabra profética como munición para sus oraciones.

- Ore la palabra profética, y la Palabra de Dios con fe, creyendo que Dios cumplirá todo lo que ha prometido.

- Fíjese en las señales que el Señor está obrando. Ciertamente, podemos ver solo una billonésima parte de lo que Dios está haciendo, pero aun un destello es suficiente para alentarnos. Si miramos con un corazón expectante, a menudo veremos su mano obrando y nuestro corazón se llenará con gratitud.

> Podemos ver solo una billonésima parte de lo que Dios está haciendo, pero aun un destello es suficiente para alentarnos.

Todos los mensajes a las siete iglesias en los capítulos iniciales de Apocalipsis son primeramente al «ángel», refiriéndose al mensajero, al líder, al pastor. Él o ella tiene que ser transformado primeramente y entonces la familia del pastor, la iglesia y la comunidad tendrán a alguien digno de seguir.

Si quiere un nuevo día en su iglesia, si quiere despejar la plataforma para que el Espíritu de Dios haga lo que solo Él puede hacer, entonces, esté listo para un bautismo personal de muerte y resurrección. Las cosas que necesitan perecer pueden tener muertes dolorosas y sangrientas, mas el proceso es necesario. Pero siempre hay esperanza en una gloriosa resurrección de una nueva persona con más intimidad con Dios, más humildad y poder espiritual y más amor para todos.

No se equivoque: «morir diariamente» es incómodo. Es mucho más fácil esconderse detrás de la auto–protección, continuar jugando con la verdad para impresionar a la gente o evitar críticas y, mantener las cosas como están. Pero si juega sin arriesgar, perderá la aventura de ver a Dios entrar en su vida y ministerio de una manera que nunca ha experimentado anteriormente.

Al estar Dios obrando en mí, las personas lo han notado. Jenni, mis hijos, nuestro equipo, nuestros ancianos y toda persona que me conoce bien ha dicho que ven más gozo, paz y confianza en mí de lo que antes habían visto. Cuando estoy en el centro del plan y de los propósitos de Dios en lugar de insistir en mis métodos y mi control, me puedo relajar. No tengo que demostrar nada y no me siento obligado a promoverme a mí mismo. Me puedo relajar y puedo derramar mi vida en los demás sin pensar siempre en lo que voy a ganar al ayudarlos. Puedo caminar con confianza, lo que me da una hermosa combinación de emoción y descanso. Aún soy una obra en progreso, pero me mantengo tratando de moverme hacia adelante.

El nuevo día no solo ocurre en el mundo público del pastor; sucede, quizás aun más profundamente, en el mundo privado del pastor.

PIENSE AL RESPECTO...

1. ¿Cómo sería un nuevo día para usted y sus relaciones personales con su familia? ¿Con su grupo pequeño? ¿Con su equipo de ministerio?

2. ¿Cómo sería en relación a su sentido de integridad (honestidad y consistencia)?

3. ¿Cómo sería su vida de oración al tener municiones de la palabra profética?

CAPÍTULO 9

EL SEGUIDOR DELANTERO

Por años tuve un plan: para mis líderes, para mi personal, para mi iglesia, y para mi carrera. Estaba seguro de que mi plan estaba en el estadio de la voluntad de Dios. Hablaba de Jesús, llevando a las personas a la fe en Él y edificando un buen ministerio. Teníamos programas de todos los colores y sabores que eran creativos y efectivos. Construimos edificios, enviábamos misioneros, cuidábamos de los pobres, capacitábamos a ministros jóvenes y todo lo demás. En todo asunto y en todo momento, la medida era el crecimiento, especialmente comparado con otras iglesias. Estábamos, eso creía yo, bastante bien. ¿Qué más se podía hacer para Dios?

Luchaba con el conflicto entre ser el jefe de la iglesia y mi meta de ayudar a Dios a edificar su reino. Veía mi rol como el de hacer que las cosas sucedieran para Dios. ¿Dónde comenzaba mi responsabilidad y dónde terminaba? ¿Cuál era el trabajo de Dios, después de todo? Todo esto era muy confuso, pero trataba de evitar el pensar demasiado en ello.

No pienso que soy el único. Al hablar con pastores, ¡me parece que somos las personas más inseguras en la tierra! Constantemente nos enfrentamos con el hecho (o el temor) de que nos falta educación, talento, tiempo, dinero, personas y otros recursos para que se haga el trabajo. Estamos seguros de que seremos los culpables cuando algo vaya mal, lo que es una certeza tarde o temprano. Mostramos caras felices, pero debajo de la máscara, la duda y el temor a menudo nos consumen.

SUMÉRJASE EN ESO

En la carta del apóstol Pablo a los Gálatas, él abordó la teología de ellos, su prejuicio racial y sus discusiones entre ellos. (¡Parece que las cosas en su iglesia eran similares a muchas de las iglesias de hoy!) La envidia y las comparaciones estaban destruyendo las relaciones. Casi al final de la carta, les dice que resuelvan los conflictos a través del perdón y del cuidado mutuo. Sabía que nunca encontrarían la paz y el poder si se mantenían verificando en qué lugar de la jerarquía se encontraban. Escribió:

«Cada cual examine su propia conducta; y si tiene algo de que presumir, que no se compare con nadie. Que cada uno cargue con su propia responsabilidad.» (Gálatas 6:4–5)

En esencia todo mensaje en el mundo (en vallas, en estaciones populares de radio, en revistas, en las vidrieras de las tiendas y en las conversaciones diarias) nos dice que la verdadera satisfacción viene a través del éxito, el placer y la aprobación. Es mentira. Ninguna cantidad de dinero, fama, aplauso, comodidad o poder puede llenar el agujero en forma de Dios de nuestro corazón. Solo Dios puede llenarlo. No es diferente para los pastores, excepto que frecuentemente predicamos la verdad acerca de nuestra única esperanza mientras continuamos procurando el éxito, el placer y la aprobación para llenar nuestras necesidades más profundas.

Pablo alentó a los Gálatas, y a nosotros, a hacer un análisis cuidadoso de lo que nos pone nerviosos. ¿Qué soñamos? ¿Qué nos emociona? ¿Qué arruina nuestro día? Cuando encontramos el profundo, muy profundo amor de Dios y su llamado a nuestra vida, necesitamos sumergirnos en eso. Entonces no estaremos demasiado impresionados con nosotros mismos, no permitiremos que la comparación nos haga sentir inferiores o superiores y tendremos una nueva manera de pensar acerca del llamado dado por Dios.

Al inicio de la carta de Pablo, él explicaba que el fundamento de nuestra identidad no está en nuestras obras, sino en nuestra adopción en la familia de Dios. Muchos de nosotros vivimos en una montaña rusa de emociones: nos

> Cuando encontramos el profundo, muy profundo amor de Dios y su llamado a nuestra vida, necesitamos sumergirnos en eso.

sentimos eufóricos cuando tenemos éxito y nos deprimimos cuando las cosas no salen bien. Existe otro camino. Podemos estar emocionados todo el tiempo porque le pertenecemos a Dios. Pablo escribió que el evangelio de Cristo nos ha liberado de la esclavitud del pecado:

«Dios envió a su Hijo, nacido de una mujer, nacido bajo la ley, para rescatar a los que estaban bajo la ley, a fin de que fuéramos adoptados como hijos. Ustedes ya son hijos. Dios ha enviado a nuestros corazones el Espíritu de su Hijo, que clama '!Abba! ¡Padre!' Así que ya no eres esclavo sino hijo; y como eres hijo, Dios te ha hecho también heredero.» (Gálatas 4:4–7)

Nuestras obras pueden ser maravillosas o terribles, pero nuestra adopción está segura. Las respuestas de las personas pueden ser maravillosas o terribles, pero el amor de Dios nunca oscila ni una pulgada. No importa lo que suceda, le pertenecemos a nuestro Padre.

Un componente importante de la identidad es el nombre de la persona. Hoy los nombres no significan tanto como hace años, pero si investigamos, podríamos encontrar algo significativo. Un día John y yo nos reunimos y él me preguntó cuál era mi segundo nombre. Le dije que era Scott. Él dijo:

—No, tu segundo nombre.

—Ese es mi segundo nombre —le aseguré.

—Entonces, ¿cuál es tu primer nombre?

—¿Te lo tengo que decir? —le pregunté.

—¡No puede ser tan malo!

—Está bien —casi murmuré—. Es Wyndell.

John casi gritó:

—¿Wyndell?

—Ves, te lo dije. El nombre de mi abuelo era Wyndell Claudell. Es por eso que le dijo a todo el mundo que lo llamaran W. C.

John chequeó una página web que tenía en su laptop, y dijo:

—Voy a ver lo que significa tu nombre.

Después de algunos segundos, reportó:

—Wyndell significa «mensajero de la verdad». Scott significa «templo de Dios», y Wilson significa «espíritu noble».

John se detuvo por un segundo y entonces me dijo:

—Scott, no fueron sencillamente tus padres los que te dieron estos nombres. Son palabras proféticas de Dios acerca de tu identidad y tu rol en el reino. Cuando las personas dicen tu nombre, están reafirmando la palabra que Dios ha dado con respecto a ti. Tú eres un mensajero de la verdad, tú eres el templo de Dios y tú tienes un espíritu noble.

Pensé que eso era grandioso, pero John raramente deja las cosas en una sola dimensión. Después de unos segundos, dijo:

—¿Qué es lo contrario a esos rasgos?

Exploramos la idea por un rato y nos dimos cuenta de que los ataques mayores del enemigo en mi vida son contraatacar mi identidad. Lucho con la verdad, profanando el templo de Dios con pensamientos sucios y teniendo una mentalidad campesina de inferioridad. ¡De pronto muchas cosas se aclararon!

En nuestra nueva identidad como hijos de Dios, se nos llama a participar en los negocios de la familia. ¿Cuál es el negocio de Dios? Buscar y salvar al perdido, redimir un mundo quebrantado y restaurar familias, amigos y naciones. No nos tenemos que preocupar por cuáles son nuestros roles. Tenemos el Gran Mandamiento de amar a Dios con

> ¡Qué honor tan increíble ser hijo o hija trabajando junto a nuestro Padre y a Jesús nuestro hermano en el poder del Espíritu!

todo nuestro corazón y a nuestro prójimo como a nosotros mismos. Además tenemos la Gran Comisión de vivir en la autoridad del Cristo resucitado e ir a los fines de la tierra para hacer discípulos que lo amen. ¡Qué honor tan increíble ser hijo o hija trabajando junto a nuestro Padre y a Jesús nuestro hermano en el poder del Espíritu!

¿Cuál es el plan del negocio? De nuevo, no es difícil de descubrir.

Fíjese en lo que el Padre está haciendo y cópielo.

Jesús les dijo a sus discípulos: «Ciertamente les aseguro que el hijo puede hacer nada por su propia cuenta, sino solamente lo que ve que su padre hace, porque cualquier cosa que hace el padre, la hace también el hijo. Pues el padre ama al hijo y le muestra todo lo que hace» (Juan 5:19–20).

Escuche y diga lo que el Padre está diciendo.

Jesús explicó: «¿Acaso no crees que yo estoy en el Padre, y que el Padre está en mí? Las palabras que yo les comunico, no las hablo como cosa mía, sino que es el Padre, que está en mí, el que realiza sus obras» (Juan 14:10).

Crea que el Padre lo ama tanto como ama a Jesús.

Jesús oró por sus discípulos y por todos los creyentes que iban a responder al mensaje de estos: «... los has amado a ellos tal como me has amado a mí» (Juan 17:23).

NO SE IMPRESIONE DE USTED MISMO

Tenemos una nueva identidad como hijos de Dios, pero este entendimiento nos hace más dependientes, no menos. Nuestra naturaleza caída ha sido crucificada, pero demoran tiempo en morir. Nuestra tarea es continuar crucificando nuestras pasiones pecaminosas cada vez que se levanten, ¡que es bastante frecuente! No podemos fabricar el verdadero fruto espiritual. La producción de este fruto es un proceso que requiere conexión continua con la fuente de sustento, el Espíritu Santo y la santa Palabra de Dios.

NO SE COMPARE CON OTROS

Cuando leemos los relatos de la vida de Jesús, nos damos cuenta de que Él fue un pararrayos. Las personas o lo amaban o lo odiaban; nadie pensaba que Él «está bien». Es fácil que la crítica o la alabanza nos consuman o nos distraigan. Éstas nos pueden hacer que quitemos los ojos del Señor y los pongamos en las personas que se nos oponen, o en nuestros logros. Necesitamos recibir ambos a través del filtro de la gracia, aceptando la crítica como una posible palabra del Señor para nuestra corrección (aun si viene de una persona airada), y aceptando la alabanza como un regalo del Señor y entonces se la damos toda a Él.

La crítica o la adulación nunca distrajeron a Jesús. A veces las personas estaban tan impresionadas que querían coronarlo rey. Otras veces lo querían matar. En una escena extraordinaria en el Evangelio de Mateo, el escritor nos dice:

> Consciente de esto, Jesús se retiró de aquel lugar. Muchos lo siguieron, y él sanó a todos los enfermos, pero les ordenó que no dijeran quién era él. Esto fue para que se cumpliera lo dicho por el profeta Isaías:
>
> «Éste es mi siervo, a quien he escogido, mi amado, en quien estoy muy complacido; sobre él pondré mi Espíritu, y proclamará justicia a las naciones.
> No disputará ni gritará; nadie oirá su voz en las calles.
> No acabará de romper la caña quebrada ni apagará la mecha que apenas arde, hasta que haga triunfar la justicia.
> Y en su nombre pondrán las naciones su esperanza.» (Mateo 12:15–21)

Al seguir a Jesús, podemos seguir su ejemplo para tratar con las críticas y la alabanza. He aquí algunos puntos de referencia que son comparables a lo que Mateo nos está recordando:

Está confiado de que...

- ¿El Padre lo ha escogido?
- ¿El Padre lo ama perfectamente?

- ¿El Padre se deleita en usted independientemente de sus obras?
- ¿El Padre ha puesto su Espíritu en usted?
- ¿El mensaje del padre es verdad?

Si usted cree esto, entonces no tiene que...

- Gritar o alzar la voz.
- Preocuparse de que todo le salga bien.
- Preocuparse de que la gente se entere de que usted no es perfecto.
- Causar una conmoción para atraer la atención o controlar a las personas.
- Pisotear los sentimientos de alguien.
- Mangonear a las personas.

UN NUEVO ROL, UN NUEVO TÍTULO

Al experimentar el nuevo día en mi vida y en nuestra iglesia, he visto mi rol desde una perspectiva completamente diferente. Ya antes hice alusión a esto en el libro. Por mucho tiempo, me vi como si fuera indispensable para la vida de nuestra iglesia. Trabajaba arduamente, ¡y esperaba que todo el mundo se diera cuenta! ¡Cuando crecíamos hacía que todos se dieran cuenta! Cuando sufríamos derrotas, siempre tenía una excusa preparada. Pero ahora, me doy cuenta de que no soy realmente el líder de nuestra iglesia; Dios lo es. Él está a cargo. Es su mensaje, su pueblo, su causa y su proceso. Yo soy solamente un seguidor. Mi trabajo como pastor me hace ser el «Seguidor delantero», pero aún soy sencillamente un seguidor. Mi trabajo principal es obtener orientaciones de arriba y confiar en Él para que obre a través de mí. Eso es suficiente y eso es lo correcto.

PIENSE AL RESPECTO...

1. ¿Qué quiere decir «sumergirse en» su identidad como hijo amado de Dios? ¿Qué diferencia haría? ¿Cómo lo ayudaría a bajarse de la montaña rusa de las emociones?

2. ¿Cómo transforma su vida y liderazgo el verse como el socio menor en los negocios de la familia de Dios?

3. ¿Cómo nos distraen la crítica y la adulación? ¿Cómo pueden los principios en Mateo 12:15–21 ser el antídoto?

SECCIÓN 4

LA PRESENTACIÓN

(LA VOZ DE JOHN)

CAPÍTULO 10

EL NÚCLEO

Cuando nosotros, como pastores y líderes de iglesias, despejemos la plataforma para que el Espíritu Santo obre poderosamente en nuestros cultos, les abrimos las puertas tanto al privilegio como a la responsabilidad. Tenemos el gran privilegio de ver a Dios hacer cosas sorprendentes en la vida de las personas. Cuando los dones se expresan, las personas experimentan la presencia y el amor de Dios, sienten su perdón y limpieza, encuentran una nueva dirección en tiempos duros, las relaciones quebrantadas son restauradas, personas confundidas encuentran la verdad y personas desalentadas experimentan una nueva esperanza. ¡Es glorioso!

Sin embargo, el liderazgo requiere que enseñemos, entrenemos y pastoreemos a las personas para que nuestras iglesias no se conviertan ni en complacientes ni en caóticas. Somos responsables de impartir la sana enseñanza, capacitar mentores y proveer ambientes donde las personas puedan crecer en el conocimiento de Dios y puedan practicar los dones. No estamos ofreciendo una prescripción particular de cómo las iglesias necesitan crear este tipo de ambiente. Sin embargo, nuestra experiencia ha sido instructiva.

El despeje de la plataforma es un primer paso absolutamente crucial, pero solo el primero de muchos. Los ambientes de oración comprometida y apasionada, los pasos de avance espiritual, la enseñanza sólida y las relaciones de orientación pueden tomar varias formas. Quiero describir los ambientes que Dios nos ha llevado a crear en *Freedom Fellowship International*. Comenzaré con el más importante: la creación de equipos de personas que oren apasionadamente.

En nuestra iglesia, el Núcleo es un grupo de personas comprometidas totalmente a orar para que el Espíritu de Dios haga su poderosa obra en y a través de las personas de *Freedom Fellowship International* y más allá. Estas personas están completamente convencidas de que solo Dios puede cambiar vidas y con insistencia tocan en las puertas del cielo para pedir a Dios que haga lo imposible. Son parte de una estrategia abarcadora que Dios nos ha dado.

- Un grupo selecto de hombres y mujeres comprometidos a la oración radical: el Núcleo.

- Un evento designado para ayudar a las personas a abrirse paso a través de las fortalezas del pecado, el temor y las dudas en su vida: Búsqueda de la Libertad.

- Una serie de seguimiento para los mentores para impartir principios y prácticas espirituales a las personas que asistieron al evento.

- Una Escuela de Ministerio, designada para capacitar a las personas a fluir en los dones del Espíritu.

El centro de esta estrategia —la parte que refuerza y lo mantiene todo unido— es una oración concertada, apasionada, dirigida, llena del Espíritu. Pero este compromiso a la oración tiene que comenzar con el pastor. En nuestra iglesia comienza conmigo.

El mirar hacia atrás en mi vida, las lecciones más importantes que he aprendido son acerca de escuchar, conocer y obedecer la voz de Dios. Mi esposa Shelli y yo, procedemos de familias que han estado en el ministerio. Crecí en el hogar de un pastor y mi abuelo fue pastor. El trasfondo de Shelli es prácticamente el mismo. Fuimos, como se dice, «criados en la iglesia». Desafortunadamente, estábamos tan familiarizados con «cómo llevar a cabo el ministerio» que no necesitábamos que Dios lo hiciera. Sabíamos cómo arreglar un culto y qué programas funcionarían. Teníamos un sexto sentido acerca de lo que molestaría a personas en particular y lo que haría que los visitantes regresaran el próximo domingo. Nos convertimos en expertos en antropología espiritual; sabíamos cómo las personas iban a reaccionar en cada situación. Con este entendimiento, todo aspecto de nuestro ministerio estaba cuidadosamente planificado y orquestado, y parecía que funcionaba.

En mis primeros años de ministerio, tuve la oportunidad de servir en algunas iglesias grandes. Asumí que estaba destinado a ser pastor de una mega–iglesia, pero no funcionó de la manera que planeé. Cuando una iglesia cerca de Dallas me invitó a ser su pastor, asistían cuarenta y cuatro personas. Shelli y yo éramos los dos más jóvenes entre los miembros.

Las grandes iglesias a donde había servido eran creativas e innovadoras. Asumí que iría a una iglesia en la que podría probar algunas cosas innovadoras, pero mi nueva iglesia era tradicional… *muy* tradicional. Casi todo lo creativo los hacía sentirse incómodos, lo que me hacía sentir incómodo a mí. Sin embargo, la incomodidad no debe reinar sobre la práctica. En *Worship His Majesty* [Adora su majestad] Jack Hayford escribe: «La tradición se debe confrontar y cuestionar y se deben hacer ajustes si los beneficios máximos de Dios se llevan a cabo durante el culto».[8]

Dios tiene una manera de captar nuestra atención. Un poco después de llevar dos años en la iglesia, experimentamos un conflicto grave de liderazgo. Nuestra iglesia había crecido a más de 200, pero algunos de los miembros de la directiva estaban molestos con mi liderazgo. Me dijeron que era tiempo de que me fuera. Estaba devastado. Creía que era el fin de mi tiempo en la iglesia, pero aún más, mi fin como pastor.

Un día mientras estaba orando en la iglesia, imaginé cómo debe haber sido para David mientras huía del ejército del rey Saúl. ¡Me sentí atacado, mal interpretado y perseguido por las personas a quienes les hubiera encantado ver mi cabeza en un madero! Podía sentir que mi corazón dejaba de latir. De hecho me preguntaba si podía sobrevivir esta calamidad en la vida de nuestra iglesia… en *mi* vida.

En la desesperación, fui a un pequeño culto de avivamiento para ver si Dios me hablaba y me daba alguna dirección. Durante el culto, un hombre me dio una palabra profética: «Dios dice que su situación en la iglesia será sanada al final del año. Dios le dará un nuevo deseo por Él y lo usará de tal manera que irá más allá de su iglesia local».

Realmente no le creí, pero traté de aceptarlo como una palabra de Dios para mí. En minutos, el aliento del Señor penetró el duro caparazón que había hecho alrededor de mi corazón. Lloré mucho el resto de la noche.

En los próximos días, me di cuenta de que mi corazón se había alejado de Dios. Antes del conflicto con nuestros líderes, yo había dependido de mi experiencia más que del Espíritu para hacer que la iglesia funcionara. Durante el tiempo tenso con nuestra junta directiva, traté de proteger mi corazón alejándome de cualquier vulnerabilidad, de las personas y de Dios. Me di cuenta de que era tiempo de acercarme a Dios, de aprender a escuchar su voz.

APRENDER A ESCUCHAR

Retrocedamos para ver cómo Dios se comunica con las personas. Desde la cuna hasta la tumba, nuestra predicación pública y enseñanza privada refuerzan la verdad de que Dios nos ofrece una relación con Él basada en la gracia. Una relación siempre implica comunicación. Sin el intercambio de la comunicación, es difícil imaginar una relación significativa. En nuestra relación con Dios, podríamos identificar tres maneras que se superponen mediante las cuales Él se comunica con nosotros.

> Me di cuenta de que era tiempo de acercarme a Dios, de aprender a escuchar su voz.

Primero, Dios nos ha dado su Palabra. Toda Escritura, dice Pablo, es «inspirada por Dios» (2 Timoteo 3:16). Y Pedro nos recuerda que toda palabra que procede de Dios es profética (2 Pedro 1:20, 21). En su obra *Knowing the Holy Spirit Through the Old Testament* [Conociendo al Espíritu Santo a través del Antiguo Testamento], Christopher Wright se refiere a este pasaje y opina: «Pedro nos dice aquí que los profetas del Antiguo Testamento no inventaron su propio mensaje de su mente o de su propia imaginación. Más bien, afirma la doble autoría de las Escrituras: "Los profetas hablaron de parte de Dios". Eran seres humanos quienes hablaron, pero fue Dios quien les proveyó el mensaje».[9]

Sin embargo, la Palabra de Dios no es solamente marcas en papel. En una de las más maravillosas obras de literatura que se haya escrito, Juan nos dice: «En el principio ya existía el Verbo, y el Verbo estaba con Dios, y el Verbo era Dios». «Y el Verbo se hizo hombre y habitó entre nosotros. Y hemos contemplado su gloria, la gloria que corresponde al Hijo unigénito del Padre, lleno de gracia y de verdad» (Juan 1:1, 14). Jesús les dijo a sus compañeros en el camino a Emaús que todo el Antiguo Testamento apuntaba a Él. El escritor a los Hebreos toma este concepto: «Dios, que muchas veces y de varias maneras habló a nuestros antepasados en otras épocas por medio de los profetas, en estos días finales nos ha hablado por medio de su Hijo. A éste lo designó heredero de todo, y por medio de él hizo el universo» (Hebreos 1:1, 2). La manera principal, más clara y más poderosa en que Dios nos ha hablado es a través de la Palabra escrita y encarnada.

Segundo, Dios nos habla. El Señor nos ayuda a recordar una y otra vez lo que dice la Biblia. El Espíritu trae pasajes a la mente mientras le pedimos que nos recuerde cuando lo necesitamos. Jesús vivió una vida empapada en las Escrituras. Una y otra vez, Él citaba la Escritura. Al comienzo de su ministerio, citó la predicción de Isaías del rol del Mesías. Durante su ministerio, frecuentemente usó temas familiares a sus oyentes. Cuando habló de ser un «buen pastor» en Juan 10, toda persona que lo escuchaba instantáneamente pensaba en «El Señor es mi pastor» en el Salmo 23. Después de decirle a la mujer en el pozo que Él le podía dar «agua viva», las personas a las que ella les habló reconocieron inmediatamente la advertencia de Jeremías:

> La manera principal, más clara y más poderosa en que Dios nos ha hablado es a través de la Palabra escrita y encarnada.

> «Dos son los pecados que ha cometido mi pueblo: Me han abandonado a mí, fuente de agua viva, y han cavado sus propias cisternas, cisternas rotas que no retienen agua.» (Jeremías 2:13)

Y al final mientras colgaba de la cruz, Jesús gritó las palabras de David del Salmo 22: «Dios mío, Dios mío, ¿por qué me has abandonado?» (Salmo 22:1).

El Señor también quiere traer las Escrituras a nuestras mentes, para asegurarnos su afecto, para guiarnos cuando estamos confundidos y para fortalecernos cuando estamos débiles. Pero los pasajes de la Escritura no vienen a la mente si primero no se depositan ahí. Primero tenemos que apropiarnos de lo primero; conocer la Palabra de Dios para que el Espíritu nos pueda recordar la Palabra cuando estemos necesitados.

En tercer lugar, Dios quiere hablarnos como un padre amoroso habla a un hijo, o un amigo a un amigo, con palabras habladas a nuestro corazón. Quisiéramos que esta sea la manera predominante en que Dios nos hable, pero raramente escucharemos estas palabras íntimas y especiales si no nos hemos familiarizado con la verdad de la Escritura y las experiencias del Espíritu recordándonos pasajes en particular cuando los necesitemos.

Cuando estaba en ese punto clave en mi vida espiritual, yo conocía mucha Escritura. Había estudiado y memorizado muchos pasajes para la predicación y la enseñanza y Dios había usado muchos de ellos para recordarme su amor y propósito. Ahora era tiempo de aprender la tercera manera de escuchar y obedecer. Durante cerca de dos meses, caminé por los alrededores de nuestra casa después de la cena y traté de escuchar la voz de Dios. Necesitaba distinguir su voz de la voz del enemigo y de mi propia voz. No fue fácil. No estaba acostumbrado a este nivel de discernimiento. Casi todas las noches durante esos dos meses, esperaba que Dios me susurrara direcciones. A menudo eran muy sencillas: ve por este camino, ve allí o di eso. Analicé cada una de ellas y gradualmente su voz se hizo más clara. Fue similar a una escuela de obediencia para perros: repetición, repetición, repetición. Cada vez que obedecía, sentía un sentimiento de la presencia y la paz de Dios. Cuando resistía o trataba de explicarla, tenía un sentimiento de que algo faltaba, entonces, regresaba y hacía lo que sentía que Dios me estaba diciendo que hiciera. Entonces sentía su presencia y paz.

La sumisión y la obediencia no son conceptos desconectados. No hay verdadera obediencia sin sumisión del corazón. Nuestra naturaleza humana resiste la sumisión. Queremos estar en control de nuestra propia vida y, confiamos en nuestra sabiduría más que en la de Dios. Es un juego de tontos. Podemos sonreír y jugar al juego de la iglesia para que las personas crean que somos cristianos devotos, pero un corazón incrédulo y egoísta tiene una manera de levantar su fea cabeza. ¿La solución? Un encuentro genuino, cálido y que desgarra el alma con el Dios viviente.

En *Spiritual Authority* [Autoridad espiritual], Watchman Nee comentaba: «Un hombre que es rebelde en su corazón, pronto articulará palabras rebeldes, porque de la abundancia del corazón habla la boca. Para conocer la autoridad, uno debe conocer primeramente a la autoridad; de otra manera nunca la obedecerá. El mero acto de escuchar el mensaje de la obediencia es totalmente inefectivo. Se debe tener un encuentro con Dios; entonces el fundamento de la autoridad de Dios será puesto en su vida».[10]

> No hay verdadera obediencia sin sumisión del corazón.

Jesús explicó que las ovejas escuchan y entienden la voz de su pastor (Juan 10:4). Yo he estado en el Medio Oriente y he visto un determinado grupo de ovejas en un rebaño aparentemente mezclado por completo responder a la voz de un hombre para que lo siguieran. Yo también estaba aprendiendo a escuchar y entender la voz de mi pastor. No tengo un expediente perfecto. Estoy lejos de eso. A veces estoy demasiado ocupado como para escuchar, a veces estoy confundido por lo que escucho y a veces sencillamente no quiero hacer lo que siento que Dios me está guiando a hacer. Cuando rechazo escuchar la voz de Dios, me siento miserable y mi gente se pierde en el flujo de la bendición del Espíritu. Mi acto desafiante es decir: «Yo sé mejor que tú, Dios, cómo debe funcionar mi vida». Eso es arrogancia; eso es idolatría, ponerme en el lugar de Dios.

Por años, han habido muchas ocasiones cuando el Señor me ha dicho que haga algo en específico, usualmente muy sencillo como quitarme la corbata durante el culto. Cada vez, Dios lo ha usado en las vidas de las personas en nuestra iglesia para confirmar algo que Él les estaba diciendo.

En pocas ocasiones, lo he echado a perder. Pocos años después de aprender a escuchar y obedecer, nuestra iglesia sufrió problemas financieros graves. Al orar, el Señor me dijo que informara a nuestra directiva que yo no iba a recibir salario por un año. Shelli estaba embarazada con nuestro segundo hijo y luchábamos para que nos alcanzara el dinero hasta fin del mes. Parecía totalmente irracional, e irresponsable, privarse de un cheque. Pero el Señor me aseguró que si obedecía, nos iba a cuidar.

Me fui a casa después de trabajar para hablar con Shelli. Cuando llegué, me dijo que necesitaba ir a la tienda a comprar cosas de último minuto para la habitación del bebé. Íbamos a tener una niña esta vez y Shelli estaba emocionada por tener una niña en la casa. Antes de que le pudiera decir algo, nuestro pastor de jóvenes detuvo su auto y parqueó detrás del auto de Shelli.

Acompañé a Shelli al auto. Antes de que cerrara la puerta, le dije:

—Necesito hablar contigo de algo.

Dijo:

—Tiene que ser pronto. Tengo que correr a la tienda y regresar.

Respiré profundamente.

—Tú sabes que nuestra iglesia tiene problemas financieros.

Me miró como si yo fuera muy tonto. Por supuesto que ella lo sabía. Continué:

—El Señor me habló y me dijo que no tomara el salario por un año.

Su expresión cambió. Movió la cabeza y dijo:

—Eso es una locura. ¡El Señor no te diría algo así, menos en este momento de nuestra vida!

Asentí, pero replicó:

—No puede ser. ¡No tiene sentido! Puso el auto en reversa y golpeó el auto del pastor de jóvenes. *¡Bum!*

Era la última gota de la copa. No había elegido el mejor momento para dejar caer una bomba en mi esposa. Todo había reventado en un instante. Pensaba que estaba loco y había hecho que se hubiera alterado tanto que tuvo un accidente en… nuestro propio estacionamiento.

Le dije a Dios:

—Lo siento. No puedo hacer esto.

Durante el año siguiente o algo así tuvimos una situación muy dura en nuestra iglesia. Las tensiones financieras fueron extremadamente dolorosas y lo peor, vivía con el conocimiento fastidioso de que no había obedecido a Dios.

Alrededor de tres años después fui a una conferencia de pastores en Arkansas. Ahí, escuché a un joven pastor llamado Bryan Jarret, que contó una historia de fe. Su iglesia tenía dificultades financieras, su esposa estaba embarazada y el Señor le había dicho:

—Si te mantienes sin el salario por un año, le pagaré la deuda a la iglesia y te cuidaré a ti y a tu familia.

Cuando Bryan le dijo a su esposa, Haley, lo que Dios le había dicho, ella respondió:

—Confío en ti. Haremos lo que Dios te dijo que hicieras.

Y Dios hizo exactamente lo que prometió hacer. Al parecer de la nada, se aparecieron camiones en su casa con una nevera, un cargamento de comida congelada, una cama para el bebé y todo tipo de otras cosas. Durante todo el año, Dios milagrosamente proveyó para Bryan y su familia. Y de la misma manera milagrosa la deuda de la iglesia fue pagada.

Mientras estaba sentado escuchando a Bryan, el Señor me dijo:

—Eso es lo que planeaba para ti hace tres años.

Lloré. Me había perdido la bendición de Dios para mí, mi familia y para nuestra iglesia. Y estaba airado, no con Shelli por cuestionar y resistir, sino conmigo por no ser la clase de esposo cuya esposa confiaría en él sin reservas. Fue mi culpa, no de ella. Oré.

—Señor, por favor dame otra oportunidad. Si me pides hacer algo loco de nuevo, lo haré.

No escuché otras direcciones extrañas de parte de Dios por alrededor de ocho años. Entonces, en 2011, nuestra iglesia participó recaudando fondos para un ministerio de ayuda a los pobres. Al hablar a nuestra gente acerca del sacrificio para alcanzar este fin, les dije que oraran y pidieran a Dios lo que quería que hicieran.

Shelli y yo ya habíamos decidido lo que íbamos a dar, pero le pedí guía de nuevo al Señor. Esta vez, me dijo:

—Regala toda camisa, abrigo, pantalones y zapatos que tengas, excepto una camisa, un pantalón, un cinto, un par de medias y un par de zapatos. Todo. Y no compres nada por un año.

¡Tenía mucha ropa, así que esto parecía más duro que no tomar un salario por un año! Le conté a Shelli y pensó que era una gran orientación de parte de Dios. Creo que ella se preguntaba si ambos nos cansaríamos de verme con las mismas ropas todos los días, pero se sentía bien con mi selección limitada de ropa. Me había ganado más de su confianza durante la pasada década. No le dijimos a nadie, pero se iban a enterar lo suficientemente pronto cuando las selecciones de mi ropero se parecieran al *¡Día de la marmota!*

Antes de que se lo dijera a alguien además de Shelli, una señora en nuestra iglesia se me acercó y me dijo que el Señor le había dicho que yo iba a tener un ropero de las ropas más finas, aun ropas de marca. Sonreí y asentí, pero estaba seguro de que estaba completamente equivocada.

Unos días después en un banquete, compartí mi historia y puse todas mis ropas en percheros y en cajas. A partir de ese momento, no fueron mías. El próximo día, el sábado, un amigo vino para ayudarme a cargar un camión con todas mis ropas. Me quedé solo con una parada de ropa y esperaba usarla por las próximas cincuenta y dos semanas. Cuando terminé, me dijo:

—Me pregunto si puedes ir conmigo a un lugar.

No tenía nada más que hacer. Le pregunté:

—¿Dónde quieres ir?

—De compras. A comprar ropa —anunció.

¡Eso era lo último que quería hacer! Me sobresalté y traté de encontrar excusas para no ir. Entonces me explicó:

—Te voy a comprar algunas ropas.

—No —le corregí. Creo que no había escuchado mi historia la noche anterior—. Estas ropas son las que voy a usar por un año.

Sonrió:

—¿No dijiste que el Señor te dijo que tú no podías comprar ropas?

Estaba cauteloso, pero asentí.

—Pero no dijo que yo no podía comprarte ropa, ¿verdad?

Fuimos a la tienda donde me compró un nuevo ropero: medias, cintos, camisas, pantalones, dos abrigos, ropa interior, ropa de trabajo... de todo. Pero ese no fue el fin. Otras personas me trajeron las ropas más finas, las que yo nunca me hubiera comprado... la clase de la que la señora en nuestra iglesia dijo que el Señor había prometido que iba a proveer. Creo que no estuvo equivocada después de todo.

Durante esa temporada, el Señor tocó el corazón de las personas para dar generosamente y la idea se expandió a través de toda la comunidad. Dinero y ropa para los pobres vinieron de todas partes. No podíamos entregar lo suficientemente rápido como para mantenernos al día de todo lo que se estaba donando.

En un mes, el Señor proveyó abundantemente ropas para los pobres. Y para un (finalmente) pastor obediente, Él dio veintidós pantalones, veintisiete camisas, cuatro abrigos, tres trajes y corbatas, ocho cintos, quince pares de zapatos, tres chaquetas y otras cosas, artículos de vestir que, nunca más, daré por sentado porque fue abundantemente obvio que el señor las proveyó. ¡Fue una gran aventura, una gran emoción!

¡La obediencia abre las puertas a las bendiciones de Dios! Estoy deseoso de escuchar a Dios de nuevo guiándome a hacer algo loco. La expectativa radical se ha convertido en el tema de mi vida. El deleite de mi vida es conocer, escuchar y obedecer a Dios.

LAS PERSONAS QUE ORAN

Cuando llegué a la iglesia donde hoy soy pastor, ellos tenían una reunión habitual de oración todos los sábados de 6:00 a 7:00. Era tradicional… y muy seca. Todas las semanas, los fieles venían y encontraban sus lugares habituales. Eran personas fieles, pero no gente apasionada, porque nadie encendía el fuego en ellos. Tocábamos suavemente alguna música

> La expectativa radical se ha convertido en el tema de mi vida. El deleite de mi vida es conocer, escuchar y obedecer a Dios.

en el órgano y en una hora acabábamos. No había interacción ni demostración de la presencia o poder espiritual.

Después de que el Dr. Wayne Lee vino como consultante para ayudar a nuestra iglesia a desarrollar un ministerio de oración poderoso y apasionado, aprendí algunas lecciones muy importantes acerca de cómo construir una chimenea e invitar al Espíritu a que envíe su fuego. Todo gira en torno a la oración. Gradualmente desarrollamos una congregación de hombres y mujeres radicalmente comprometidos, quienes entienden lo que significa orar «en el Espíritu».

Permítame bosquejar los principios y prácticas de nuestro Núcleo. Aún tenemos una reunión de oración de una hora el sábado por la noche de 6:00 a 7:00 porque respetamos el tiempo de las personas. Pero además respetamos el tiempo del Espíritu, así que nuestra meta y actividades son llenas del Espíritu, guiadas por el Espíritu y empoderadas por el Espíritu.

Seguimos lo que llamamos la oración AROA (En inglés este acróstico forma la palabra *grow*, que significa crecer [N. de la T]). con el acróstico que quiere decir:

Asamblea

Comenzamos orando en el Espíritu, todos nosotros, en alta voz, expresiva y apasionadamente, sin retener nada. Las personas comparten palabras de sabiduría y palabras proféticas del Señor. Sus dones están en alta alerta y los usan por el bien de otros. Es un tiempo de satisfacción para el alma.

Redención

El segmento se enfoca en necesidades específicas de nuestra iglesia, nuestra red de iglesias y todo el mundo. No es tiempo para que las personas les pidan a otros que oren por necesidades personales. Estamos ahí para representar las necesidades de otros, no las de nosotros. Hay suficientes oportunidades para que compartamos nuestras necesidades en otros momentos.

Omnipotencia

Pasamos tiempo orando acerca de situaciones aparentemente imposibles, donde las respuestas solo pueden venir a través de la intervención de un poderoso Dios. No somos tímidos al pedir a Dios que obre de manera milagrosa.

Alabanza

Terminamos con un tiempo estratégico pidiendo a Dios que alinee nuestro corazón con el suyo. Nos enfocamos en sus atributos; su majestad, su bondad y aceptación, la obra de la cruz, su poder y su sabiduría. Añoramos la voluntad de Dios y sus caminos por encima de todo lo demás, o por lo menos, lo añoramos a Él por encima de todo lo demás. El ir cerca de Dios frecuentemente revela áreas donde su Espíritu necesita obrar en nosotros. Nos vamos con un poderoso sentido del amor y el poder de Dios y esperamos que responda las oraciones que hemos llevado ante Él.

Cada uno de esos segmentos dura aproximadamente quince minutos. Si usted prueba algo similar en su propia iglesia, es importante mantener estas cosas en movimiento. Cuando las personas se aburren o se pierden en sus pensamientos, se desconectan. En las alabanzas y peticiones, cada parte de nosotros necesita estar activamente comprometida.

En cada empeño, las personas comprometidas son entusiastas. Lo último que nuestra gente necesita es otra reunión aburrida e ineficaz.

Las personas que ya asisten tienen un corazón para la oración, así que no tema retarlos a orar de manera audible y aun a caminar mientras oran. Algunas de las oraciones más expresivas suceden en Jerusalén en el Muro de los Lamentos. No permita que sus compañeros de oración desconecten su mente, alma (emociones) espíritu y cuerpo. Alabamos a Dios «en espíritu y en verdad». En la alabanza a menudo me encuentro silencioso y quieto en Su presencia. Mi espíritu está conectándose con el Espíritu de Dios. Aprendí algunas lecciones importantes:

- No subestime el poder de la música para acompañar la oración, especialmente durante los segmentos de Asamblea (tiempo débil) y Alabanza (reflexiva).

- Mientras que los líderes se levantan, permita que ayuden a guiar diferentes partes de la hora de oración. El permitirles que guíen inspira su dominio.

- Al final de la hora, siempre hago una oración de bendición por los participantes y les agradezco por ser parte de nuestro grupo de oración.

- Por supuesto, tenemos un acuerdo de que todo lo dicho en la habitación es estrictamente confidencial. Uno confía en el otro y la confianza de la iglesia en cada uno de nosotros está basada en nuestro compromiso con la confidencialidad.

- Además hemos formado grupos más pequeños (que salieron del grupo principal) que están comprometidos a orar por preocupaciones específicas durante la semana. Algunos se enfocan en orar por la fundación de nuevas iglesias. Por ejemplo, pueden orar por una iglesia nueva en Kentucky. El Señor les da palabras proféticas para el pastor y las personas en la iglesia, y uno de nuestro grupo envía esas palabras para alentarlos y guiarlos. Otro grupo ora proféticamente por Scott y por *The Oaks*. Realmente hicimos este compromiso antes de que Scott y yo comenzáramos a reunirnos regularmente. Un grupo sirve como la oración que cubre al grupo de trabajo de la oficina nacional de nuestra comunidad denominacional. Otro ora por las «cinco principales» necesidades de nuestra iglesia, cualquier cosa que esté en nuestro corazón esa semana. Y finalmente, un grupo de personas ora las veinticuatro horas por mi familia y por mi, y yo ni siquiera tuve que pedirlo. Una señora de nuestra iglesia tuvo una visión y una carga para proveer esta ayuda para nosotros. Que Dios la bendiga.

Cuando comenzamos este ministerio de oración hace años, alrededor de cuarenta personas se nos unieron. Ahora tenemos cien y aún está creciendo.

HONESTIDAD Y LIBERTAD

El nivel de nuestra honestidad, primeramente la del pastor y luego la de los demás, determina el nivel de libertad, gozo y poder para nuestra iglesia. Estoy comprometido a ser completa y absolutamente honesto con Dios con respecto a mis más profundos deseos, temores, pecados y esperanzas. También estoy comprometido a ser sincero con mi mentor.

Si no le digo lo que realmente está sucediendo en mi corazón, él no puede hablarle y llenarlo con la verdad. Aparte de
mi mentor y Shelli, yo trato de ser cuidadoso en compartir la
basura de mi vida con otros. Necesito pedir a Dios cuándo,
y cómo y si Él quiere que yo comparta estas cosas con mi
grupo de oración o con la congregación. El hecho que yo
saque la ropa sucia sin filtros espirituales ni los ayuda ni los
honra. (Generalmente, las preguntas acerca de revelar cosas
así son: ¿Implica a alguien más? ¿Avergüenza a alguien más?
¿Ha obrado Dios lo suficientemente en mí hasta el punto que
yo haya visto un progreso genuino en este asunto? ¿Lo estoy
usando para llamar la atención, como terapia personal o para
ayudar a otros a caminar con Dios? ¿Es el tiempo correcto?
¿He recibido un buen consejo de parte de mentores sabios y
amigos confiables?)

Deseamos ansiosamente que todo el mundo participe
en los dones del Espíritu en todas nuestras reuniones de
oración. Oramos en voz alta y oramos en lenguas. No hay
extraños entre nosotros que se puedan confundir, por lo que
alentamos a cada persona que permita que el Espíritu fluya.

Este grupo de personas de oración ha levantado el nivel
de cada elemento de la iglesia. Antes de hacer algo, *oramos*
por eso, y quiero decir oramos por eso. Las personas poco
entusiastas no aplican. Estos amigos son serios… y gozosos.
Le pedimos a Dios sabiduría y confiamos en Él para recibir
su favor.

El pedir a Dios su favor no es precisamente un pensamiento mágico. No es tener un lugar para estacionar en la fila
delantera de la tienda de víveres. Puede que Dios no me con-
ceda ese lugar en el estacionamiento en lo absoluto. Quizás,

solo quizás, Él quería que yo pasara de largo para que una persona mayor pudiera estacionar ahí y quizás, solo quizás, Él quería que estacionara en la parte de atrás para que hiciera un poco de ejercicio. No, el favor de Dios no es recibir las cosas triviales que queremos.

El favor de Dios es la revelación de dos cosas: la voluntad de Dios y el plan del enemigo. Cuando entendemos esta verdad de su Palabra o tenemos una palabra de conocimiento, sabiduría o profecía, podemos tomar decisiones sabias, guiadas por el Espíritu y complacer a Aquel que nos compró. Ese es el favor del Señor y eso es lo que esperamos recibir durante nuestros tiempos de oración.

Al hacernos más conscientes de los planes del enemigo, ya no temo y no reacciono en pánico. Es más como escuchar el pronóstico del tiempo acerca de una tormenta que se aproxima. Estoy informado, me puedo preparar. Entonces, el favor de Dios no es una vida fácil; es una vida sabia, poderosa y que honra a Dios.

> El favor de Dios es la revelación de dos cosas: la voluntad de Dios y el plan del enemigo.

Watchman Nee rompe algunas burbujas, cambia expectativas y reorienta nuestra manera de ver los problemas cuando escribe: «Cuando nos encontramos con el sufrimiento aprendemos obediencia. Tal obediencia es real. Nuestra utilidad no se determina por si hemos sufrido o no, sino por cuánta obediencia hemos aprendido a través del sufrimiento. Solamente los obedientes son útiles a Dios. [11]

Si el Señor le está susurrando que comience con un grupo de oración como este, puede que no tenga todas las respuestas, pero comience de alguna manera. Reúnase con su personal o con su directiva o grupo pequeño de personas en cuyo caminar con Cristo usted confía, y oren una hora a la semana. Comparta su visión acerca del poder de la oración en su iglesia, pida a Dios sabiduría para trazar una ruta y construya una chimenea; y confíe que el Espíritu enviará el fuego. Él lo hará.

Con el paso del tiempo, el Señor le pondrá a otros en su corazón para que los invite, y puede que unos pocos decidan que los niveles de espiritualidad y compromiso no son para ellos. Deje que se vayan sin un indicio de crítica. Puede que regresen con más celo de lo que usted imagina.

Por encima de todo, escuche la voz del Señor y obedézcalo.

PIENSE AL RESPECTO...

1. ¿Cuál es su entendimiento y experiencia con respecto a escuchar la voz de Dios?

2. ¿Cuáles elementos de los principios y práctica parecen ser buenos y correctos para usted? ¿Cuáles le parece que están más allá de lo que usted piensa que Dios quiere hacer?

3. ¿Quiénes son algunas de las personas maduras, espirituales, comprometidas que estarían interesadas en esta clase de oración semanal? ¿Cuándo y cómo se comenzará?

CAPÍTULO 11

BÚSQUEDA DE LA LIBERTAD

Una de las cosas más frustrantes para mí, y para muchos otros pastores, es orar con las personas en el altar, quienes quieren dar su vida a Jesús, solo para verlos continuar en los hábitos destructivos y mantenerse en la esclavitud del pecado. Cuando las personas se salvan en nuestra iglesia, nos damos cuenta de que es el primer paso en un largo proceso de crecimiento espiritual. Los invitamos a una clase para nuevos creyentes y los alentamos a que se unan a un grupo pequeño. Pero aun así, muchas personas continúan luchando debido a los pecados recurrentes y las fortalezas en su mente. Necesitábamos encontrar una manera mejor de ayudar a liberarlos para que pudieran crecer.

Estábamos determinados a reconsiderar nuestro proceso de asimilación para nuevos cristianos. Ellos no solamente necesitaban entrenamiento bíblico sobre la oración o el diezmo; necesitaban ser libres. En otras palabras, necesitábamos ayudarlos a despejar la plataforma de su corazón para que su vida espiritual pudiera edificarse sobre un fundamento sólido, despejado. El discipulado tenía que comenzar con despejar los restos del pasado antes de que las personas pudieran aprender de manera efectiva nuevos hábitos para su futuro. Para cumplir este objetivo, creamos Búsqueda de la Libertad, un evento diseñado para abordar los pecados predominantes, las falsas creencias y las dudas que forman pilas de escombros espirituales, emocionales y relacionales que impiden el progreso personal.

Muchas personas en nuestra iglesia aún están, en un menor o mayor grado, en la esclavitud de los pecados habituales. Sus pecados han sido perdonados por la sangre de Cristo, han experimentado el nuevo nacimiento y han tenido encuentros con el Espíritu de Dios, pero aún luchan con algunos de los mismos pecados que trajeron a su nueva vida. Quieren liberarse pero nadie les ha mostrado cómo hacerlo, ¡y quizás nadie ni siquiera les ha dicho que es posible! Jesús le dijo a la mujer sorprendida en adulterio: «Ahora vete, y no vuelvas a pecar» (Juan 8:11). La enseñanza de Jesús es clara como el agua. Él sabía que las personas estaban terriblemente esclavizadas al pecado, sin embargo, Él proclamaba: «Así que si el Hijo los libera, serán ustedes verdaderamente libres» (Juan 8:36). Como escribió Charles Wesley, de manera tan hermosa, Jesús «rompe el poder del pecado anulado y liberta al cautivo.»[12]

Las flores no crecen sobre el concreto y los hijos e hijas espirituales no prosperan en el suelo superficial de heridas pasadas, experiencias de abuso o adicción, fortalezas, pecados habituales o un solo pecado tan malo que los persigue. ¡Dios los quiere liberar para que lo conozcan, lo amen y le sirvan!

PRIMERO YO

Antes de comenzar Búsqueda de la Libertad, yo había oído acerca del poderoso impacto que tales eventos de veinticuatro horas tenían en las personas, pero cometí un error de neófito: pensaba que podía liderar uno sin haber participado en uno. Necio... realmente necio.

Me reuní con un consejero espiritual y profético que me hizo preguntas realmente duras acerca de mi comportamiento pasado, mis relaciones, mis mecanismos de defensa y mis pensamientos secretos, y después me hizo preguntas aún más profundas. El proceso fue doloroso y embarazoso, pero absolutamente necesario. Me di cuenta de que no había tratado con todas esas cosas por dos razones: ni siquiera me había dado cuenta de que muchas existían y estaba avergonzado de las que sí conocía. Ambas razones me mantenían en la oscuridad... y en un grado de esclavitud.

Mi consejero me ayudó a reconocer muchos de los pecados escondidos y comportamientos adictivos que yo había controlado (más o menos exitosamente) en mi vida, pero que no había destruido y remplazado. La confesión (estar de acuerdo con Dios acerca de nuestro pecado y de su perdón) y arrepentimiento (cambiar la mente de uno; la decisión de alejarse del pecado e ir a Dios y a la obediencia) no son solo palabra teológicas; forman el camino a una nueva y vibrante vida de libertad. Finalmente estaba listo para ayudar a otros a encontrar la libertad también.

NUESTRA BÚSQUEDA

Permítame esbozar los elementos de nuestra Búsqueda de la Libertad:

La preparación

El miércoles por la noche tenemos una «Lección *Carpe Diem*» para que todos se preparen para un fin de semana que cambia la vida. Hablamos acerca del propósito de Búsqueda de la Libertad para inculcar emoción y esperanza de que Dios hará algo maravilloso en su vida. Los participantes hacen parejas con sus mentores; y les entregamos Perfiles Espirituales que les darán a conocer muchas cosas para que las debatan y oren con sus mentores.

Mentores

Semanas antes del evento, los mentores son cuidadosamente seleccionados y capacitados. Ellos son el eje del éxito. Cosas increíbles inevitablemente suceden si los mentores hacen conexiones significativas con sus compañeros; si no, se hace evidente una afectación en los resultados. Nuestros líderes de grupo pasan tiempo orando acerca de las parejas y escuchando a Dios para que nos dirija.

> Nuestros líderes de grupo pasan tiempo orando acerca de las parejas y escuchando a Dios para que nos dirija.

El currículo

Búsqueda de la Libertad comienza el viernes a las 5 p. m. y concluye el sábado a las 5 p. m.. Los temas que cubrimos incluyen:

- Una mirada retrospectiva (El pasado no determina el futuro)

- Condenación vs. Justificación (La cruz de Cristo perdona, limpia y nos libera)

- Vida en el Espíritu vs. Vida en la carne (El hombre muerto caminando; Lucas 9:23 y Romanos 8)

- Llevando cautivos los pensamientos (Las mentiras del enemigo)

- Identidad: Apropiándonos de quiénes somos (la sustitución de las fuentes equivocadas de identidad por nuestra identidad en Cristo)

- Los espíritus arraigados (Venciendo las fortalezas espirituales)

- Cómo permitimos al enemigo que entre en nuestra vida (El reconocimiento y la derrota de los planes de Satanás de usar el pecado, el temor y la duda)

- El camino por delante (Próximos pasos de crecimiento)

PRIMEROS PASOS

Tan pronto como Búsqueda de la Libertad termina, invitamos a los participantes a dejar el hotel e ir a nuestra reunión de oración Núcleo que comienza a las 6 p. m. Les decimos: «Cuando entren en la habitación con estas personas que están orando, será una de las experiencias más poderosas de su vida. En las últimas veinticuatro horas, ustedes han hecho un negocio con Dios. Han recibido nuevas perspectivas, han confesado, se han arrepentido y se han afligido por heridas sepultadas durante mucho tiempo. Nunca han estado tan limpios y libres como lo están en este momento. Las personas que ya están en la habitación están al rojo vivo en su pasión por Dios. Toda la semana, han estado orando a Dios para que use este fin de semana y ustedes sean liberados y que Él les dé un profundo deseo de servirle. Cuando entremos, les enseñaré cómo recibir el bautismo del Espíritu Santo. ¿Están listos?»

¡Sí, están listos! Es un tiempo glorioso y poderoso. Después de la reunión, cada mentor invita al asistente a continuar su Búsqueda de la Libertad por las próximas doce semanas (véase más abajo) para asegurar un fundamento fuerte en la verdad bíblica, consolidar las ganancias espirituales y tratar con fortalezas adicionales, heridas y pecados que inevitablemente surgirán. Después de doce semanas, tenemos una idea muy buena de quiénes toman en serio el caminar con Dios en el poder del Espíritu y quiénes experimentaron un breve crecimiento en Búsqueda de la Libertad, pero por alguna razón, no echaron raíces.

Si su iglesia no tiene una reunión de oración Núcleo los sábados por las noches, esta secuencia de eventos no funcionará. En ese caso lo aliento a tener una sesión sobre el bautismo en el Espíritu cerca del final de su Búsqueda de la Libertad. Luego invite a las personas a que vayan a su reunión de oración cuando sea que la tengan programada.

TESTIMONIOS Y DEMOSTRACIONES

El domingo por la mañana después de Búsqueda de la Libertad, damos la oportunidad para que las personas compartan públicamente lo que Dios ha estado haciendo en sus vidas. Algunos se sienten cómodos verbalizando su testimonio de las últimas veinticuatro horas, pero muchos o no son comunicadores verbales o todavía no pueden expresar con palabras sus experiencias. Como alternativa, proveemos una mesa de artículos de trabajos de artesanía: papel de colores, pegamento, limpiapipas, plumas, tijeras y otros materiales. Les pedimos a las personas que hagan representaciones creativas y visibles del impacto de Búsqueda de la Libertad en su vida. Entonces les damos un tiempo corto en el culto del domingo por la mañana para que hablen del trabajo de artesanía que crearon. Si quieren hacer una explicación extensa, pueden hacerlo, o si quieren compartir solo unas palabras, está bien también. Ya que tenemos cultos múltiples el domingo por la mañana, les grabamos sus testimonios en video y los compartimos en las próximas semanas en los cultos y en nuestra página web.

Después de que todos han tenido la oportunidad de compartir sus trabajos de artesanía, cito un pasaje de Apocalipsis 12:11: «Ellos lo han vencido [al enemigo] por medio de la sangre del Cordero y por el mensaje del cual dieron testimonio por medio de la sangre del Cordero y de la palabra del testimonio de ellos». Les aliento: «ahora vayan y digan a sus amigos lo que Dios ha hecho por ustedes».

EL SEGUIMIENTO

Las veinticuatro horas de Búsqueda de la Libertad son increíblemente poderosas, pero no deben permanecer como un evento aislado. Las personas han sido liberadas y ahora necesitan aprender cómo vivir en su nueva libertad y poder. El currículo que hemos desarrollado para las doce semanas comprende principios básicos de discipulado, más el elemento adicional de la práctica de descubrir heridas para que sean sanadas y descubrir pecados para ser perdonados. El proceso comienza en Búsqueda de la Libertad, pero todos nosotros tenemos más chatarra en nuestra vida que la que podamos resolver efectivamente en un solo día.

El mentor que pastoreó a la persona durante la Búsqueda de la Libertad lo/la lleva a través de las doce semanas adicionales de enseñanza, oración, arrepentimiento y dirección. Por supuesto esto es un compromiso significativo para ambas personas que usualmente establecen una amistad que dura toda la vida. El mentor es el único que sabe las profundas heridas, temores y pecados de la persona. Se asegura la confidencialidad, con la excepción de casos de ideas de homicidio o suicidas o abuso de niños o de ancianos. Nada de esto es sorpresa para los participantes. Se los hacemos saber tan claro como el agua al principio de Búsqueda de la Libertad.

Las doce semanas se diseñan para ayudar a las personas a desarrollar e interiorizar nuevos hábitos de fidelidad con Dios. No tomamos atajos. Mantenemos a los mentores para ver quiénes necesitan ayuda adicional en el camino. Aún al final de las doce semanas, realmente no se ha terminado. La persona que ha completado este proceso ahora está lista para más responsabilidad en el reino. Consideramos invitarlos a la Escuela de Ministerio o a ser mentores en la próxima Búsqueda de la Libertad y las doce semanas de discipulado.

Con cada ciclo, el amor y el liderazgo se multiplican. Al Dios despejar la plataforma en cada área de la iglesia, más personas son tocadas, empoderadas y entusiasmadas con el Espíritu de Dios y más personas oyen la voz de Dios y le responden en feliz obediencia.

MÁS QUE UN PROGRAMA

Usted no tiene que usar nuestro modelo de Búsqueda de la Libertad. Lo puede adoptar, o adaptar o crear el suyo propio. Cualquier plan que utilice, siga el proceso usted mismo antes de organizar un fin de semana con su gente. Dese cuenta de que esto es más que un programa. Si es solo un programa para el calendario de la iglesia, por favor no lo haga. Búsqueda de la Libertad, como el Núcleo, es parte de la obra abarcadora del Espíritu de infundir en las personas más conciencia espiritual, amor y poder del que ellos (o usted) alguna vez imaginaron. Los conceptos y las prácticas en las veinticuatro horas de Búsqueda de la Libertad y las doce semanas del currículo son contenidos bíblicos buenos y sólidos, pero necesitan empoderarse de la obra del Espíritu para que sean tan efectivos como Dios quiere que sean. No se conforme con menos. Ore insistente y apasionadamente.

Pero todo tiene que comenzar con usted. No importa cuánto tiempo le tome, encuentre un mentor que lo empuje, lo hale, lo aliente y lo rete a hacer negocios con Dios. Hasta el punto en que usted experimente la libertad y el poder del Espíritu, usted podrá enseñar, modelar e impartir libertad y poder a su pueblo. Es su responsabilidad pastorear a su pueblo a través de este proceso. Solo cuando el Espíritu Santo haya cautivado su corazón debe usted considerar implementar alguno de los modelos de esta sección del libro.

Implementar el programa sin preparación personal es como darle una ametralladora a un niño de tres años. Es tonto, irresponsable y peligroso. El arma es efectiva y útil solo en las manos de un guerrero entrenado y capacitado.

> Hasta el punto en que usted experimente la libertad y el poder del Espíritu, usted podrá enseñar, modelar e impartir libertad y poder a su pueblo.

Siempre es importante seleccionar, capacitar y ubicar mentores con los participantes correctos. No será una sorpresa que mi consejo sea orar diligentemente por los mentores. Pida a Dios que le muestre las personas a seleccionar, cómo capacitarlas y los participantes a ser asignados a cada mentor para el día y las doce semanas. La calidad de estas relaciones es crucial. No las dé por sentado y no haga conjeturas. Escuche al Señor. Es una certeza que Él le guiará a hacer las conexiones que usted nunca hubiera hecho por sí mismo. Quizás meses más tarde, verá por qué.

La provisión de un lugar seguro para que las personas experimenten avances espirituales se puede convertir en una parte normal de la vida de su iglesia. Tenemos Búsqueda de la Libertad dos veces al año. Cuando Scott oyó esto, me pidió que hiciera una para los líderes de *The Oaks*. Su personal, los miembros de su directiva y otros líderes clave de su iglesia encontraron una libertad que nunca supieron que existiera.

En una de las últimas sesiones conjuntas, les pedimos a las personas que vinieran y compartieran lo que Dios había hecho en sus vidas. Una de las personas que habló fue Clayton Brooks, el pastor de alabanza en *The Oaks*. He aquí lo que dijo:

> He sido líder de adoración en *The Oaks* por cerca de quince años. En ese tiempo, he aprendido mucho sobre música, trabajo en equipo y liderazgo. He sido bendecido con pastores verdaderamente ejemplares y santos que me han modelado y enseñado fielmente a ser un líder poderoso en el reino de Dios. Además tengo el privilegio de haber crecido con las bendiciones de una familia centrada en Cristo. Dios ha estado trabajando profundamente en mi corazón para ayudarme a entender una de mis responsabilidades más vitales y desafiantes como hombre de Dios.
>
> Todo comenzó con una reunión de improviso con mi pastor, Scott. Un año antes de esta reunión, él había estado en una travesía sorprendente con Dios. Le doy gracias al Señor por un pastor principal que se preocupa tanto por las personas que a medida que él crece en el Señor, él comparte abiertamente lo que está aprendiendo. Soy uno de los beneficiarios de esa clase de liderazgo y Dios lo usó para comenzar a desmantelar los muros de temor e inseguridad en mi corazón.
>
> Un martes por la mañana después de una reunión con todo el personal, el Pastor Scott se sentó conmigo y mis directores de canto y de música. Nos dijo:

—Yo los aprecio a ustedes y todo lo que hacen por las personas en *The Oaks*. Ustedes y su grupo son una bendición a esta casa. Me encanta y aprecio la dulzura y humildad con la que ustedes dirigen la adoración todas las semanas. Pero ahora mismo, no estamos en la misma página. Esta es una etapa crucial para nuestra iglesia y estoy sintiendo el peso de enseñar y pastorear a cada uno a ser obediente a la guía del Espíritu... pero yo no puedo hacer eso solo por mí mismo. Clayton, a ti te ha sido dada casi la misma cantidad de liderazgo en la plataforma en esta iglesia que a mí. Eres responsable por casi la mitad del tiempo programado en nuestros cultos de fin de semana. Te digo esto ahora mismo... ¡Tienes que crecer! ¡Yo y el resto de esta iglesia necesitamos que te apropies de la autoridad y el denuedo que Dios te ha dado como líder en esta casa!

Es difícil hacer una lista de todas las ideas que pasaron por mi cabeza mientras escuchaba a Scott hablar. He estado en *The Oaks* desde que era un niño de diez años de edad y desde que he estado aquí, él ha sido mi pastor. Soy producto de su liderazgo. Puedo recordar cuando era pastor de jóvenes. Predicaba y enseñaba con tal pasión. Este es un hombre que realmente derrama su corazón por el crecimiento y beneficio de otras personas. Ha significado el mundo para mí y para mi desarrollo como líder. Como se puede imaginar, las cosas que me dijo en ese momento tenían una tonelada de peso, y estaba en lo cierto. Estaba sentado ahí contando todos los retos que Dios ya estaba poniendo en mi corazón desde el año pasado, pero por alguna razón, yo no había respondido completamente al Espíritu. Estaba bastante seguro de que había un obstáculo en el camino y yo sabía exactamente lo que era.

Mis directores de canto y de música le dijeron al Pastor Scott que estaban de acuerdo. Todos queríamos estar en la misma página, pero yo sabía que necesitaba hacer algo un poco más profundo, porque lo que estaba frenando estas cosas en mi corazón tenía raíces profundas.

Le dije:

—Pastor Scott, he estado en esta iglesia desde que era un adolescente y usted ha sido mi pastor todos estos años. Usted ha sido una influencia muy poderosa en mi vida y estoy más que agradecido por lo que su liderazgo ha significado para mí. Pero tengo que ser sincero. Estoy de acuerdo con todo mi corazón con lo que usted está diciendo. Quiero ser el líder valiente y lleno de autoridad que Dios me ha llamado a ser para esta casa. Y puedo ver cómo eso puede hacer una diferencia para ustedes y para esta iglesia. Pero hay algo que me retiene. Estoy aterrorizado… aterrorizado de decepcionarlo… aterrorizado de cometer errores que confundan a las personas y dañen lo que ha estado tratando de hacer como pastor. Usted y yo sabemos que somos personas muy diferentes. Usted siempre ha sido un líder muy poderoso e inspirador, tan apasionado y elocuente acerca de su amor por el Señor y su deseo de ayudar a que las personas crezcan. Yo siempre he sido callado, feliz de ser uno de los seguidores del grupo e incómodo en posiciones de autoridad. Casi encuentro cómico que Dios haya visto adecuado el ponerme en esta posición. Sé que puedo hacerlo bien, pero este miedo me mantiene limitado a lo que sé que puedo hacer como líder de alabanza. Me estoy escondiendo detrás de lo que sé que puedo hacer y lo que es más seguro. Y honestamente, puedo escuchar a Dios en usted diciendo que es tiempo de que crezca. He estado oyéndolo decir esto desde el año pasado. Solo que no sé si es posible, o quizás que eso no será posible aquí.

Mi voz temblaba mientras decía estas cosas. Es difícil compartir la debilidad con otros. Es muy duro compartir las debilidades con las personas que admiras mucho. Pero tenía que suceder. Él y yo sabíamos que algo necesitaba cambiar. Una persona no puede crecer sin cambiar.

Después de una pausa, el pastor Scott me respondió:

—Clayton, te amo, y agradezco tu deseo de someterte a mí como pastor; pero me parece que estás más preocupado por decepcionarme a mí que por decepcionar a Dios. Y con respecto a cometer errores… Clayton, tú estás tan lejos de cometer errores. De hecho, como pastor, ¡yo preferiría que tú cometieras algunos errores! Entonces podríamos arreglarlos y aprender de ellos. Pero ahora mismo tú estás permitiendo que el temor a la gente dicte tu obediencia a Dios. Y ese temor ha bloqueado tu potencial, y potencialmente, lo que Dios quiere hacer en *The Oaks*.

Le dije:

—Bueno, sé que Dios me ha estado diciendo que crezca.

Rápidamente respondió:

—¡Lo ha estado gritando, Clayton! Y, ¿sabes qué? Soy tu pastor. Te amo y te quiero aquí. Pero más que eso, quiero desesperadamente que seas capaz de crecer en el Señor. Y si eso significa que tengas que armarte de valor y crecer aquí, o si significa que tengas que irte a otra parte, te apoyaré. ¡Pero no puedes mantener más siendo el mismo!

Hubo otra pausa en nuestra conversación mientras que todo esto se sumergía en lo profundo de mi corazón. Esas palabras resonaban con cada latido del corazón: «No puedes mantenerte más siendo el mismo». Estaba comenzando a tener un entendimiento real de lo que Dios estaba haciendo.

Con lágrimas en los ojos, miré a mi pastor.

—¿Qué haría usted? —le pregunté.

—¿Si yo fuera tú? Me iría a mi lugar de oración, me arrepentiría de tener un deseo mayor de agradar a las personas que agradar a Dios y le diría a Dios que quiero cambiar y comenzar a vivir en completa obediencia a Él. Eso es lo que haría. Lo antes posible.

Entonces le dije: «Gracias» e hice exactamente lo que dijo.

Fui a una habitación que está escondida en nuestra iglesia. Es un lugar donde a veces voy a orar. Comencé a luchar con el Señor acerca de todo esto.

"Dios... Tengo miedo. No estoy seguro de lo que todo esto significa y ¡me aterroriza! Estoy nervioso porque pareceré tonto frente a otros. Temo que me hagas hacer algo y mis temores echen a perder todo. No soy lo suficientemente bueno para Ti. ¡No tengo nada que ofrecer!

Con eso comencé a «gritar en silencio». Fue uno de esos gritos cuando la boca está completamente abierta, pero no sale ningún ruido. Duele. Evidentemente, con los años, muchos muros de temor se habían edificado en mi vida.

Me acordé de una sesión de consejería que mi esposa y yo tuvimos un par de años atrás en nuestro matrimonio. En nuestra segunda sesión con el consejero, éste me miró y me dijo: «¡Eres poderoso!» Fue algo que él sabía que realmente yo no creí, pero algo que él sabía que yo necesitaba comenzar a creer. En ese momento el único pensamiento que pasó por mi mente era cuán débil y temeroso yo era.

Ahora, en este momento, en este tiempo de oración metido en una habitación en *The Oaks*, todas mis debilidades estaban apareciendo ante mí. Sabía que Dios me estaba llamando a ser completamente obediente a Él y sabía que eso significaba que tenía que rendir todo mi orgullo, mi comodidad y auto–preservación y que Dios haría que practicara esa obediencia en el futuro cercano.

Cuando dije que no tenía nada que ofrecer, primero sentí como que escuché a Dios hablar. Me dijo:

—Estás en lo cierto. No tienes nada que ofrecerle

a este mundo y a esta iglesia. Aparte de mí no puedes hacer nada. Es al darte cuenta de tu humanidad que comienzas a entender tu dependencia de mí. Y es así como te quiero: dependiente de mí.

Entonces, Dios me dijo algo que no quería escuchar en lo absoluto:

—Clayton, quiero que seas un profeta.

Reaccioné:

—Por favor, Dios. ¡No quiero ser un profeta! Los profetas son raros. ¡Por favor no me hagas eso a mí!

—Ellos no son raros —me aseguró—. Ellos están deseosos de obedecerme sin vacilación, confiar en mis órdenes no importa a quién pueda ofender o decepcionar. Y eso es lo que quiero contigo.

Respondí:

—Señor. Oíste lo que dijo mi pastor y está en lo cierto. ¡Estoy completamente bloqueado! E inclusive si te quisiera decir que sí, ¡no sabría qué hacer! ¿Cómo se supone que haga lo que me estás pidiendo cuando mi espíritu está bloqueado por el temor? ¿Qué puedo hacer?

Y Dios gritó:

—¡Te di una llave!

Para explicar este comentario, permítame volver diez años atrás. Estaba dirigiendo la alabanza con el grupo de jóvenes en un retiro. Nuestro orador ese fin de semana era Edwin Ennis, que había tenido una conexión por mucho tiempo con *The Oaks*. Durante la última sesión, detuvo su mensaje y comenzó a dar palabras proféticas a diferentes estudiantes y líderes en la audiencia. Él pronunció mi nombre y yo me puse de pie. Caminó hacia mí y me puso algo en mi mano. Era una vieja llave. Dijo:

—No sé de dónde vino esta llave ni lo que abre, pero Dios me dijo que te la diera a ti. Un día estarás parado delante de una puerta cerrada, y es una puerta que tú sabrás que necesitas pasar. No sabrás qué hacer, pero Dios te está diciendo: «Te doy esta llave para cuando venga el momento».

Diez años más tarde, aún tenía la llave. Estaba conmigo en el bolsillo de mi mochila en esa habitación de oración. Y Dios gritó: «¡Te di una llave!» La saqué de mi bolsillo. Mientras agarraba la llave fuertemente en mi mano, comencé a sentirme esperanzado, quizás era realmente posible que fuera un profeta y completamente obediente a Dios, sin temor.

A partir de ese momento, Dios tomó casi una hora para hablarme y rodearme con su amorosa presencia. Resulta ser que el próximo fin de semana, el liderazgo de nuestra iglesia tenía una Búsqueda de la Libertad a la que planeé asistir. Dios confirmó que este era su tiempo y habló a mi espíritu que algo especial sucedería en este retiro, pero requeriría mi completa obediencia. Respondí: «Sí, Señor».

El retiro comenzó ese viernes por la noche. Durante uno de los tiempos de oración, a los hombres de la Asociación Libertad que estaban guiándonos en el retiro se les pidió que dieran una palabra de aliento a cada uno de los asistentes. Un hombre mayor que yo no conocía se me acercó y dijo:

—Confía en el Señor con todo tu corazón y no te apoyes en tu propio entendimiento.

Esto retumbó grandemente en mí, porque sabía que Dios me pediría que hiciera algo, pero yo no sabía cuándo, o qué sería, y ni siquiera si tendría algún sentido.

Tuvimos una gran noche ese viernes. El sábado por la mañana, uno de los pastores de la otra iglesia nos invitó a compartir lo que Dios nos había hablado hasta el momento en el retiro. Después de que algunos hombres compartieron, sentí que debía decirles a todos en la habitación que Dios quería que hiciera algo especial, pero sería más tarde. Todavía no era el tiempo. Hice este anuncio como un compromiso y una promesa de que lo iba a cumplir completamente. Más tarde, después de un tiempo maravilloso de alabanza con los hombres, el pastor preguntó si ya era el tiempo adecuado y yo sentí que lo era.

En la habitación había cuarenta hombres de *The Oaks*. Eran ancianos, directores y pastores del personal, incluyendo al Pastor Scott y mi papá. Además, en la habitación estaban todos los hombres de la otra iglesia que servían como mentores en Búsqueda de la Libertad. Caminé al centro de la habitación, y aún no estaba completamente seguro de lo que haría.

Les dije a los hombres que todo lo que estaba a punto de hacer era en estricta obediencia al Señor. Él me estaba dando la oportunidad de obedecer sus órdenes. Me quité mis anillos y los anteojos y los puse en la mesa detrás de mí. Me quité los zapatos y entonces le pedí a mi papá que se uniera a mí. Luego le hablé a él para que todo el mundo pudiera escuchar:

—Papá, te amo con todo mi corazón. Estoy tan agradecido por ti y por todo lo que has hecho por mí. Tengo el mayor respeto por ti y estoy sometido a ti. *Pero yo soy del Señor* y Él me está llamando como pertenencia suya.

Entonces le pedí al Pastor Scott que viniera adelante y se parara al lado de mi papá. Entonces le hablé:

—Pastor Scott, usted es mi pastor. Lo amo y le doy gracias por todo lo que ha hecho por mí y por lo que me ha enseñado. Estoy sometido a usted y a su misión dada por Dios para la iglesia. *Pero soy del Señor*, y me está llamando como pertenencia suya.

Entonces les hablé a los hombres de *The Oaks*. Pedí perdón por todas las oportunidades de avance espiritual en nuestros cultos que nunca sucedieron porque sencillamente yo estaba demasiado temeroso a salir adelante en fe y obediencia. Les dije que Dios me estaba llamando como pertenencia suya, a ser un profeta, completamente obediente a Él. Nunca más podría temer. Tenía que obedecer al Señor, no importando cuán tonto esto me hiciera sentir.

Mientras el Señor me guiaba, me alboroté el pelo en frente de todos ellos, sin anteojos, sin anillos y con una cabeza con el pelo desordenado. Entonces le dije al Señor:

—Somos solo Tú y yo ahora.

Entonces comencé a hablar en lenguas, lo que nunca había hecho públicamente. Y no estaba meramente hablando, podía sentir el poder del Señor en mí haciendo que proclamara el mensaje en lenguas en voz alta y apasionadamente. Comencé a profetizar y a interpretar el mensaje, elevando alabanzas a Dios.

En los próximos cinco minutos, parecía como que toda la habitación llena de hombres estaba haciendo erupción con alabanzas espontáneas. Vi a hombres en el suelo, los escuché gritando y alabando y los vi levantando sus manos a Dios. Fue un momento de avance espiritual tan poderoso. ¡El Señor estaba en ello! Mientras todo se aquietaba, regresé a mi asiento y John Bates dijo:

—¿Ven lo que Dios hace en respuesta a un acto de completa obediencia?

Fue un momento que cambió mi vida, pero sabía que otra persona necesitaba estar allí con mi papá y mi pastor, y esa era mi esposa, Aunie.

Cuando llegué a casa esa noche, Aunie y yo acostamos a los niños y luego hablamos acerca del retiro. Le dije que antes de que pudiera hablar acerca de lo que el Señor había hecho en mí, necesitaba hacer algo. Le dije que se parara frente a mí justo como mi papá y mi Pastor Scott hicieron. Frente a ella pasé por un proceso similar al que el Señor me había hecho pasar en el retiro. Nunca había hablado en lenguas de esa manera en frente de mi esposa. Después de haber hablado en lenguas el Señor comenzó a darme palabras proféticas sobre ella, nuestros hijos, nuestro hogar y sobre mí. Fue un momento tan bello de avance espiritual para mí, para nosotros y nunca lo olvidaré.

El día siguiente era domingo y sabía que el Pastor Scott me haría compartir lo que estaba pasando en mi vida. Llevé a las personas de *The Oaks* a través del proceso. Para ese instante, el Señor me había revelado lo que todo esto significaba, así que se lo expliqué delante de todos.

Me quité los zapatos, porque mi identidad y valor propio no se encuentran donde yo esté o lo que haga para ganarme la vida. Me quité los anillos, porque mi identidad y valor propio no se encuentran en mis relaciones, aun en las que más significan para mí, como mi matrimonio y mi papá y mi pastor. Me quité los anteojos, porque mi identidad no se encuentra en las miradas decepcionadas o de afirmación de las caras de las personas cuando se encuentran conmigo. Y me alboroté el pelo porque mi valor no se encuentra en mi apariencia. Entonces el Señor hizo que hablara en lenguas y profetizara ante toda la iglesia. La expresión pública de las lenguas era la mayor prueba para mí de que yo podía responder a la guía del Señor, aun cuando ésta no tiene sentido, y que yo podía hacerlo como líder en frente de otras personas. Las personas comenzaron a venir al altar y a buscar apasionadamente al Señor. Fue una mañana muy poderosa de avance espiritual en *The Oaks*.

A través de esta experiencia, Dios me dio un nuevo sentido de seguridad en Él, tanto que fui capaz de pararme frente a una multitud de personas (incluyendo a aquellos cuyas opiniones yo siempre había valorado más) y sencillamente ser el hombre de Dios. Aún estoy luchando con sentimientos de inseguridad, pero el Señor ha hecho una obra milagrosa en mí. Su gracia es suficiente y hace toda la diferencia.

Le pedimos a Clayton que contara cómo la experiencia en Búsqueda de la Libertad había moldeado su vida.

Desde este evento, Dios me ha empoderado, más que nunca antes, para fluir con autoridad y unción profética. Mi relación con el Señor se ha hecho mucho más disciplinada. Mi esposa y yo oramos juntos al Señor con regularidad, y mi equipo y yo oramos por todo detalle de nuestra planificación para el ministerio de alabanza. Nuevas canciones, canciones proféticas y oraciones se han estado derramando de mi corazón y del corazón de los miembros de mi equipo, canciones que nuestra iglesia está comenzando a cantar y a orar. ¡La voz de Dios se está magnificando a través de la obra que Él está haciendo en los líderes de nuestra iglesia!

Y yo estoy descansado. Las personas encuentran un maravilloso descanso cuando descubren que todo lo que el Señor exige es ser obedientes a Él. Yo no necesito impresionar a nadie. Ni siquiera necesito que las personas respondan afirmativamente a mi liderazgo. Como los profetas de antaño que obedecían a Dios y hablaban su palabra aun cuando las personas los odiaban, todo lo que necesito es ser obediente. Eso es todo, y es suficiente. En esa sencillez hay un descanso maravilloso. La presión de ser sorprendente e impresionante no está más ahí, solo la presión de obedecer los mandamientos de Dios. Me doy cuenta de que si buscamos sus mandamientos, los encontraremos en *cada* situación. A Él le encanta cuando queremos asociarnos a Él para hacer Su obra.

Pastores, ustedes tienen la capacidad de sacar la grandeza de su grupo pastoral. Dios les ha dado esa responsabilidad, y deben continuar trabajando en eso, aun si eso puede significar perder a un miembro del equipo. Para mí ha significado mucho que mi pastor confía en mí para que dirija la adoración, con autoridad, en nuestra iglesia todos los fines de semana. Para mí ha significado mucho que mi pastor se preocupa más por mi crecimiento personal en el Señor que en mi efectividad como líder de alabanza en su iglesia. Él ha ejemplificado una nueva profundidad de confianza en el Señor y un nuevo nivel de liderazgo pastoral.

Líderes de alabanza, ustedes pasan casi el mismo tiempo en la plataforma que su pastor principal. ¡Qué gran responsabilidad les ha confiado el Señor a ustedes! No teman decepcionar a las personas. Sean sumisos a la autoridad pastoral, ¡pero mantengan a Dios primero! ¡Denle la oportunidad de usarlos para inspirar a otros! Dejen que el Espíritu de Dios les informe todas las decisiones que usted tiene que tomar. Manténganse sumisos a sus pastores mientras que estén bajo su autoridad, pero no sacrifiquen la guía del Espíritu por nada. Cometerán algunos errores, pero aprenderán y crecerán, y usted, su pastor, su familia y su iglesia serán bendecidos y fortalecidos por su obediencia al Señor.

Uno de los milagros de la gracia es que Dios está deseoso de convertir nuestros dolores en compasión y nuestros pecados en medios para el progreso. Nuestra nueva libertad no significa que no recordemos las penas y las decisiones tontas que hemos tomado. En vez de eso, nos maravillamos en que Dios teja aun nuestras tragedias y peores pecados en un nuevo y bello tapiz de su gloria… si confiamos en Él. Entonces podemos usar las lecciones que hemos aprendido para cuidar a otros que están luchando para ser libres. Al experimentar el amor y el poder de Dios, las heridas de ellos son curadas, vencen una esclavitud de toda una vida y están listos para ayudar aun a más personas para que encuentren la nueva libertad en Cristo.

PIENSE AL RESPECTO...

1. Piense cuidadosamente en su situación espiritual actual. No apresure su análisis. Entre en su lugar de oración y pregúntese: «¿soy realmente libre?» Pida a su Padre celestial que le revele cualquier área de esclavitud que aún esté experimentando y pida que lo libere. Escriba su reflexión y oraciones en un diario.

2. ¿Qué partes de Búsqueda de la Libertad le parecen fáciles de planificar? ¿Qué partes requieren que usted dé más de sí de lo que ha dado anteriormente?

3. ¿Cómo describiría el rol de los mentores en este evento? ¿Por qué son esenciales los cuatro meses de reuniones de seguimiento?

4. ¿Qué le preguntaría o le diría usted a Clayton si estuviera con usted ahora mismo?

CAPÍTULO 12

LA ESCUELA DE MINISTERIOS

Antes de aprender a operar con lo profético, yo era un pastor autómata. Todas las semanas hacía la misma rutina de planificar los cultos, sermones y programas. Decía que estaba haciendo cosas *para* Dios, pero ciertamente no estaba haciendo ninguna de estas cosas *con* Dios. Operaba sobre la base de mis ideas, mis planes y mi fuerza.

Cuando me encontré con Dios, Él me dio hambre por la palabra profética. Comencé a leer libros de pastores que efectiva y sabiamente usaban los dones. Además leí Hechos y estaba confundido que las cosas que Dios hizo en la iglesia primitiva no parecían que estuvieran sucediendo, tanto o de la misma manera, como yo leía en esas páginas. Había crecido en iglesias donde las lenguas, la interpretación y la sanidad eran comunes, pero no las palabras de profecía, conocimiento o sabiduría. Los líderes en esas iglesias estaban temerosos de los excesos de algunos pastores que decían que sus palabras proféticas eran iguales a las de la Escritura. Pero comencé a entender que evitar esos dones no era una respuesta saludable al problema.

Me di cuenta de que había dado menos de lo que debía a las personas en nuestra iglesia, así que un domingo les confesé que había estado obrando en la iglesia sin Dios. Les expliqué que nunca había sido mi intención ser rebelde y duro de corazón. No había entendido la dinámica del Espíritu y los dones, pero ahora estaba listo para aprender. Les dije que había padecido de ignorancia y debido a mi liderazgo en esta área, ellos habían padecido también.

DESINFORMADO

Al comenzar una larga explicación a los corintios del rol de los dones espirituales en la iglesia, Pablo les dijo: «En cuanto a los dones espirituales, hermanos, quiero que entiendan bien este asunto» (1 Corintios 12:1). Desinformados. Esa es exactamente la condición de muchos creyentes en lo concerniente a los dones del Espíritu. Son ignorantes, están en la oscuridad, mal informados, indoctos, y lejos de la verdad. En los capítulos 12 al 14 de 1 Corintios, él trata de informarles, hacerlos conocedores, inteligentes, eruditos e instruidos. Esa es mi meta también. El símbolo que uso para la iglesia es un bombillo. Representa la luz de la verdad de Dios así como el hecho de que la luz vence a la oscuridad en nuestra vida.

En *Freedom Fellowship International*, enseñamos a la gente acerca de todos los dones encontrados en cuatro listas principales: Romanos 12:1, 1 Corintios 12, Efesios 4 y 1 Pedro 4. En nuestra Escuelas de Ministerios, le damos un énfasis claro a los nueve «dones proféticos» en 1 Corintios. Ya que Pablo dijo que el principal entre estos es el de profecía, yo quería enfatizar este don primeramente.

Poco a poco y con cuidado, comencé a enseñar acerca de los dones proféticos en mis sermones y reuniones de oración. Por ejemplo, a veces oraba: «Señor, muéstranos a cada uno de nosotros algo que nunca hayamos visto antes, acerca de tu amor y poder, acerca de tu voluntad para nosotros, o acerca de algo que necesitemos cambiar». Les pedí a las personas que me avisaran si Dios les había hablado. Y con bastante frecuencia Él lo hacía.

Les dije a las personas que escribieran sus sueños en la mañana y le preguntaran a Dios: «¿Fue esto el resultado de la pizza que me comí anoche, o eras tú hablándome?»

A veces en nuestros cultos siento que Dios les está hablando a las personas en la habitación. Me detengo y digo: «Frecuentemente pensamos que las visiones y las palabras de profecía son extrañas, pero algunos de ustedes tuvieron una. Si es así, dígale a la persona a su lado que Dios le acaba de hablar o le mostró algo». Gradualmente, las personas están aprendiendo a esperar que Dios les hable en un suave tono de voz, en sueños y visiones y a través de palabras proféticas de otros. Nuestra congregación es un laboratorio para que todos probemos lo que estamos aprendiendo.

Para ayudar a que las personas entiendan cómo Dios puede que esté hablándoles, le digo a la congregación: «Cierren sus ojos e imaginen que tienen un cuchillo y un limón. Ahora imaginen que están sosteniendo el limón en una mano y cortándolo con el cuchillo. Sientan la cáscara y la presión del cuchillo. Huelan el jugo al caer en el mostrador». Les doy unos segundos y entonces les digo: «Abran sus ojos. ¿Lo sintieron? ¿Pudieron casi olerlo? Ese es el sentido de la realidad que tenemos cuando Dios nos habla en maneras sobrenaturales. Está más allá de nuestra manera normal de sentir e imaginar». El salmista nos alentó: «Prueben y vean que el Señor es bueno» (Salmo 34:8). Al buscar al Señor, Él nos deja ver y sentir su presencia.

PRIMEROS INTENTOS

Yo sabía que el Señor quería darme palabra de profecía para los creyentes en nuestra iglesia. Le pedí a Dios que me revelara palabras a mí e identificara a las personas que las recibirían y Él respondió mis oraciones. Tengo que admitir que tuve unos escollos a lo largo del camino. Estaba desinformado y cometí algunos errores. No tenía la experiencia o sabiduría de saber que algunas palabras se deben dar en privado y no en público.

Un domingo algunos visitantes vinieron a nuestra iglesia. Al final del culto varios de ellos vinieron al frente. Al estar en el altar, Dios me dio una palabra para una señora en particular. Asumí que si Dios me la dio en el culto, debía decirla en el culto. Falso. Debí haber ido a ella de una manera privada y decir: «Creo que el Señor me dio una palabra para usted esta mañana. Si le gustaría escucharla, me gustaría hablarle en privado. Por conveniencia, tendré otra señora conmigo en nuestra conversación. ¿Le gustaría hablar conmigo?»

Pero, en vez de eso anuncié para que todos oyeran: «Tengo una palabra para usted esta mañana. Dios me ha mostrado en una visión a usted en una jaula de ocho barras. ¡Usted ha estado en esclavitud y Dios quiere liberarla!»

Pensé que ella estaría emocionada y aliviada. Se sonrió y asintió, pero pude darme cuenta que estaba avergonzada.

Al día siguiente, ella llamó para decirme que ella y su esposo, un médico, habían asistido a la iglesia de las Asambleas de Dios toda su vida y que nunca había sido tan humillada. Me dio un consejo que nunca he olvidado: «Pastor, usted necesita dejar de humillar a las personas públicamente. ¡Es algo muy ofensivo y descabellado!»

Entendí el mensaje. Estaba devastado. Le pedí disculpas y le dije al Señor: «Oh. Dios mío, realmente lo eché a perder».

Les conté a los líderes de nuestra iglesia la respuesta de la señora y les expliqué que necesitaba tomar un descanso de lo profético por un tiempo para aprender cómo hacerlo con más compasión y con mayor eficacia. Necesitaba capacitación. Dios quería despejar la plataforma de cualquier cosa que en mi ministerio estuviera desordenado por mi manera ignorante de ministrar estos dones.

No mucho después de la experiencia, fui a una reunión con un líder de nuestra hermandad. En el camino mientras oraba, el Señor me dijo: «Él te corregirá. Escúchalo. No temas... recíbelo». Inmediatamente pensé una docena de cosas que él pudiera sentir la necesidad de corregir en mi vida y ministerio.

> Dios quería despejar la plataforma de cualquier cosa que en mi ministerio estuviera desordenado por mi manera ignorante de ministrar estos dones.

Nuestra reunión duró alrededor de dos horas. Fue muy productiva, pero él no me había dicho palabras de corrección. Antes de que me levantara, dije: «En camino aquí, el Señor me dijo que tú tenías palabras de corrección para mí. Estoy listo para escuchar».

Sonrió, abrió la gaveta de su escritorio, y sacó una carta. Dijo: «Sí, te iba a mostrar esta carta de la esposa de un médico que asistió a tu iglesia. Estaba alterada contigo, pero estoy seguro de que eso ya lo sabes». Asentí. Él continuó: «Pero en nuestra reunión de hoy, me has demostrado que estás bien con Dios. Has aprendido la lección que Dios quería enseñarte acerca de cómo usar la palabra profética en tu iglesia. No necesito corregirte. Dios ya lo ha hecho. Tú oyes a Dios, así que ve y profetiza. No temas». ¡Qué afirmación para mi alma adolorida de pastor! Supe como nunca antes que Dios quería que continuara aprendiendo y creciendo.

CAPACITANDO A LOS SANTOS

La razón por la que comencé una Escuela de Ministerios en nuestra iglesia es que esto es un ministerio público y todos reciben una llama. No quería que un líder de negocios recibiera una palabra del Señor acerca de un empleado o jefe e hiciera un pronunciamiento dramático e inapropiado frente a una habitación llena de colegas.

Por un tiempo, yo era el «glotón de la profecía». Yo era virtualmente el único que recibía palabras de profecía, sabiduría y conocimiento del Señor. Pero mi rol es capacitar a los santos para la obra del ministerio. Tenía que informar, enseñar, capacitar y modelar el uso de los dones para que otros se hicieran competentes. Permítame compartir unos principios operacionales:

Invitaciones

Invito a personas específicas a que asistan a nuestra Escuela de Ministerios y por supuesto, nos enfocamos en conocer, escuchar y obedecer la voz de Dios. Enseñamos esta sencilla pero profunda verdad a cada edad y grupo de nuestra iglesia, desde los niños más pequeños hasta nuestro personal pastoral. Es importante que el pastor despeje la plataforma para proveer el adecuado ambiente para que todos vivan un nuevo día en el Espíritu.

Nos reunimos los sábados desde las 5 p. m. hasta las 6 p. m. antes de que la reunión de oración Núcleo comience. Usualmente enseño por alrededor de cuarenta minutos y, entonces tenemos un ejercicio y práctica el resto del tiempo.

Todos

Creo que los nueve dones de señales de 1 Corintios 12 están a la disposición de cada creyente, pero algunos tienen una capacidad elevada, inspirada por Dios para operar en uno o más de estos dones. Es como con todos los demás dones: todos sirven, pero solo algunos tienen el don espiritual de servir. Todos deben testificar, pero algunos tienen el don del evangelismo. Todos dan, pero Dios les da a algunos la capacidad de hacer mucho dinero y la sabiduría para darlo estratégicamente para el reino. Este principio es cierto para todos los dones.

Los nueve dones

Todos los carismas les son concedidos a los creyentes con el propósito de edificar y engrandecer el cuerpo de Cristo. Estos dones espirituales son, por esta razón, antitéticos a nuestra naturaleza egoísta. Naturalmente queremos aplausos y poder, pero los dones solo funcionan apropiadamente cuando los usamos para glorificar a Dios y cuidar de otros. Su esencia es la reputación de Dios, no la nuestra. Su esencia es la necesidad de otros, no nuestros deseos. Christopher Wright explica: «La unción por el Espíritu no es principalmente algo externo que prueba su presencia por el ruido (aunque por supuesto el Espíritu de Dios puede hacer mucho ruido ocasionalmente, como en el día de Pentecostés). Más bien, la unción espiritual es principalmente una capacitación para la misión, una comisión para el servicio».[13]

En la Escuela de Ministerios capacitamos a las personas para operar en los nueve dones espirituales que Pablo lista en 1 Corintios 12:1–10. Los diferentes eruditos bíblicos presentan los carismas en diferentes categorías de relaciones. No deje que estas diferencias creen ninguna confusión. Lo más importante es la edificación que ocurre, y no cómo categorizamos los dones. En nuestra iglesia exponemos estos dones en las siguientes categorías:

Dones proféticos

Palabras de sabiduría

Palabras de conocimiento

Discernimiento de espíritus

LA ESCUELA DE MINISTERIOS 229

Dones orales

Profecía

Hablar en lenguas

Interpretación de lenguas

Dones de poder

Fe

Sanidad

Obrar milagros

Un don para muchos

Pablo les dijo a los corintios tres veces que debían desear con entusiasmo los dones (1 Corintios 12:31; 14:1, 39). El Doctor Paul Brooks escribe que este deseo «se debe entender no meramente como un deseo de testificar o escuchar los dones en acción sino como un deseo de comprometerse como participantes».[14] El apóstol Pablo destacó especialmente la profecía en dos de las tres referencias: «ambicionen los dones espirituales, sobre todo el de profecía» (14:1) y «ambicionen el don de profetizar» (14:39). Como hemos visto, este don es para alentar, fortalecer y consolar al pueblo de Dios (14:3). Capacito a nuestra gente para que pidan a Dios una palabra que sirva a estos propósitos. Si pensamos en alguien y una idea nos viene a la mente para alentar, fortalecer y consolar, ¡podemos estar seguros de que no viene del diablo! Tiene que venir directamente o de Dios o ser una idea de nosotros, sus hijos. De cualquier manera, es una palabra digna de compartir.

No necesitamos retroceder, subirnos las mangas y pronunciar en alta voz: «¡Así dice el Señor!» Sencillamente podemos decir: «Oye, estaba pensando acerca de ti y orando por ti y creo que el Señor me ha dado algo para compartir contigo. ¿Te gustaría que te lo dijera?» Vamos con un espíritu de amor y de humildad y pedimos permiso para decir palabras de vida a las personas. Podemos saber si es una palabra genuinamente profética de parte de Dios si la persona responde: «Vaya, realmente necesitaba escuchar eso hoy. Gracias». Si la persona no responde como un suelo fértil preparado por Dios para recibir nuestro mensaje, sabemos que por lo menos hablamos palabras de aliento, y todo el mundo las necesita.

¿Por qué dice Pablo que «ambicionen el don de profetizar»? Claramente, él cree que este es un don que debe ejercerse abundantemente entre las personas. Es algo como un «don en exposición» para que las personas sigan adelante amando a los demás a través de los dones espirituales. Continúa diciendo: «Así todos pueden profetizar por turno, para que todos reciban instrucción y aliento» (14:31).

Permítame preguntarle esto: ¿Cuántas personas que vienen a la iglesia cada semana necesitan una palabra de aliento, fortaleza o consuelo, o de las tres? ¡Prácticamente todo el mundo! Entonces, no debe ser raro o sorprendente cuando el Espíritu de Dios use a las personas para que compartan el corazón de Dios a través de una palabra profética de parte de Él. Debe ser completamente normal. ¿Puede usted alentar a las personas? Entonces, usted puede profetizar. ¿Puede fortalecer a alguien? Entonces, usted puede profetizar. ¿Le puede proveer aliento a alguien que esté dolido? Entonces, usted puede profetizar. No es algo misterioso reservado para unos pocos excéntricos o sobrenaturales. Es para todo el mundo. Para hacerlo necesitamos ser guiados genuinamente por el Espíritu Santo.

Todo con amor

Cuando Pablo explicó los dones a los corintios, usó tres capítulos (12 hasta 14). El del medio es todo acerca del amor. Yo llamo estos tres capítulos el «emparedado del amor». No importa cuán vistoso sea nuestro don, cuán poderosa sea nuestra fe o cuánto nos sacrifiquemos por la causa de Cristo, si todo lo que hacemos no se hace con amor, es absolutamente y completamente sin valor. Es como un emparedado mal hecho. No hay emparedado si solo hay pan pero ninguna carne. De manera similar, usar los dones (el pan) sin amor (la carne) no es nutritivo; no es lo que Dios quiere para su pueblo. Los líderes y creyentes han desconectado el amor completamente y lo han colocado por sí solo, pero Pablo no.

Cuando enseñamos a las personas a usar los dones, recordamos este hecho una y otra vez. Con demasiada frecuencia en el pasado, los dones de señales han sido usados como una ostentación de poder para impresionar a las personas y ganar prestigio. Ese no es el espíritu de amor en lo absoluto.

> No debe ser raro o sorprendente cuando el Espíritu de Dios use a las personas para que compartan el corazón de Dios a través de una palabra profética de parte de Él.

La amabilidad, la humildad, la gentileza y la paciencia son los sellos del amor auténtico. En *Sorprendido por la voz de Dios* (Surprised by the Voice of God) Jack Deere afirma en pocas palabras: «La peor forma de orgullo es el orgullo de la religión».[15]

Práctica

En nuestras clases, brindamos oportunidades para que nuestros participantes practiquen. Ponemos a las personas en grupos de tres y les damos estas instrucciones: uno ora en voz baja en el Espíritu. El segundo le pide a Dios una visión, una idea, una palabra acerca de la tercera persona. El filtro es este: «¿Es el mensaje alentador, fortalecedor o consolador?» Si lo es, la segunda persona lo comparte. La tercera persona recibe la palabra y da retroalimentación. Después que una persona profetiza, la próxima persona tiene la oportunidad y después la tercera. La retroalimentación puede ser: «Vaya, eso habló sobre mi situación ahora mismo». O quizás: «Gracias por orar por mí». De cualquier manera, se impartieron aliento, fortaleza y consuelo.

A veces, ponemos a las personas en un círculo y les decimos que confíen en que Dios les dará una palabra para la persona a su lado. Les damos un minuto o dos. Esto les da experiencia de tener una sensación de inmediatez en un encuentro con alguien. Entonces pueden usar lo que aprenden en cualquiera de los encuentros con las personas durante el día, aun si es solo por un minuto o dos. En cada momento, podemos ser sensibles al Espíritu y hablar palabras de vida.

A veces las personas que están aprendiendo a usar los dones los usan mal. Es por eso que practicamos. No se espera que un niño corra en una maratón. No se espera que una persona que esté tomando un violín por primera vez lo toque como un virtuoso. En todo aspecto de la vida, hay una curva de aprendizaje, es lo mismo en el aprendizaje de la práctica de los dones.

Nuestra escuela es un lugar seguro de ensayo y error, un lugar seguro para cometer errores, un lugar seguro para aprender nuevas cosas y un lugar seguro para hacer preguntas tontas. De hecho, no hay preguntas tontas, solo preguntas aún no respondidas.

Use preguntas

Le hemos enseñado a nuestro pueblo y le he enseñado a Scott, a hacer preguntas por dos razones: probar para ver si la palabra realmente se ajusta a la persona, y arar el suelo para una respuesta más receptiva. Cuando Scott estaba predicando un domingo, sintió que Dios le estaba diciendo que una joven sentada cerca del frente estaba teniendo sexo con su novio y estaba luchando con la culpa. El Señor le dijo que le dijera: «Tú eres mi hija y te amo. No te condeno. Ven a mí». Durante un tiempo de oración cuando las cosas estaban quietas, Scott caminó a ella y le murmuró:

—¿Cómo te va?

Ella lo miró y respondió tristemente:

—No muy bien.

Entonces le preguntó:

—¿Cómo están las cosas en tu relación?

Ella se vio sorprendida y expuesta, pero extrañamente contenta de que se supiera. Dijo:

—¿Qué quiere decir?

Scott dijo:

—Con tu novio.

Ahora parecía estupefacta.

—¿Cómo lo supo?

Scott no le contó de la palabra profética. En su lugar, preguntó:

—¿Están las cosas bien contigo y tu novio? ¿Estás honrando al Señor cuando están juntos?

Comenzó a mover la cabeza y las lágrimas comenzaron a correr por su cara.

Scott le dijo gentilmente:

—El Señor me dijo que te dijera: «Eres mi hija y te amo. No te condeno. Ven a mí».

Algunas señoras en la iglesia se dieron cuenta que ella necesitaba oración, así que se reunieron a su alrededor y oraron por ella. Fue un momento hermoso y poderoso en su vida… y en la de Scott.

Al interiorizar estos principios, Scott ha sido un estudiante, practicante y líder increíble. Aprecio su corazón, su valor y su impacto en las personas de su iglesia.

¿Convicciones o una palabra de Dios?

Algunas personas confunden las convicciones personales con las palabras proféticas dadas por Dios. Pueden sentir fuertemente que alguien debe hacer esto o aquello, pero la pasión por su perspectiva no es lo mismo que conocer, escuchar y obedecer a Dios para dar una palabra de parte de Él. Las personas apasionadas necesitan un doble filtro en las cosas que más les interesa. Cuando sienten la necesidad de corregir a una persona, necesitan detenerse, pedir a Dios que les revele sus verdaderos motivos y proceder con un espíritu de humildad, determinados más a escuchar que a hablar. Además sería una buena meta a largo plazo que todos los participantes en la Escuela de Ministerios identifiquen sus «asuntos controversiales» para que puedan evitar confundirlos con palabras de Dios.

Pablo explicaba: «A cada uno se le da una manifestación especial del Espíritu para el bien de los demás» (1 Corintios 12:7). No recibimos dones para comunicar nuestra ideología política, o nuestras convicciones acerca de los males sociales, o cualquier otro tema preferido. Es para el beneficio de otros, no para que nos sintamos más poderosos y en lo correcto.

> No recibimos dones para comunicar nuestra ideología política, o nuestras convicciones acerca de los males sociales, o cualquier otro tema preferido. Es para el beneficio de otros.

«El día contrario»

Al sentirse más adeptos en percibir y recibir palabras de profecía, las personas pueden notar señales de esclavitud, resistencia o pecado en las personas. Uno de los principios más útiles que enseñamos acerca de las palabras proféticas es practicar «el día contrario». Una persona puede entrar a una habitación y el Espíritu nos muestra que él o ella tienen una actitud rebelde. En vez de confrontar el problema con una palabra sincera, pero dura, que usualmente trae consigo muros más altos de resistencia, alentamos a las personas que capacitamos a que se enfoquen en lo positivo. Imagine cómo sería si la persona responde a la gracia y verdad de Dios. Podríamos decirle al rebelde: «Puedo ver que el Señor lo está llamando a que sea sensible y se rinda a Él, y quiere hacer grandes cosas en usted y a través de usted. Oremos por esto hoy». Esa declaración es absolutamente el caso, si la persona se arrepiente. En vez de pronunciar juicio, hablamos vida y esperanza, lo contrario de su condición actual.

Exámenes finales

Al final de cada semestre de nuestra escuela, tenemos una prueba. Envío a las personas de dos en dos (un hombre con un hombre, o una mujer con una mujer) y les digo: «Tienen una hora para pedir a Dios dirección para que les lleve a alguien que necesite una palabra profética o una palabra de conocimiento o sabiduría, para obrar un milagro, u orar por alguien para que sea sano. Quiero que vayan donde Dios les diga que vayan, encuentren lo que Dios quiere que encuentren y hagan la obra que Dios les ha dado que hagan. Regresen en una hora y den un informe».

Los enviamos a las comunidades, centros comerciales y a las tiendas. No se trata de permanecer en un lugar seguro dentro de las paredes de la iglesia. Jesús envió a sus discípulos «a las ovejas perdidas de Israel» así como «por todo el mundo». Nuestra gente no puede ir tan lejos en una hora, pero por lo menos puede ir un poco más allá de su zona de comodidad.

Sus «calificaciones» no son el «factor de asombro» de sus palabras o milagros; es el hecho de que fueron obedientes en hacer lo que Dios les dijo que hicieran. El éxito siempre está en sus manos, no en las nuestras.

Niveles de experiencia y de profesionalismo

Hemos estado enseñando estos dones por muchos años, así que tenemos varios niveles de clases para las personas, dependiendo de su nivel de experiencia y comodidad al usar estos dones. No pienso que alguna vez lleguemos a «dominar» los dones, de la misma manera que nunca penetraremos las profundidades de la santidad infinita, la gracia, el amor y la majestad de Dios.

TARDE O TEMPRANO

A veces una palabra profética lleva mucho tiempo para que se enraíce y lleve fruto en nuestra vida. Esto no es inusual, así que nunca debemos descartar una palabra profética rápidamente. Pablo escribió: «no desprecien las profecías, sométanlo todo a prueba, aférrense a lo bueno» (1 Tesalonicenses 5:20, 21). ¿Recuerdan la historia de Clayton? Un siervo de Dios había profetizado sobre él y le había dejado una llave. Llevó la llave en su mochila por años. Entonces, justo en el tiempo exacto, en el lugar oscuro de su desesperación, Dios se encontró con él con una revelación gloriosa y liberadora.

Mucho antes de que el Señor me diera hambre por lo profético y mucho antes de que yo apagara el piloto automático como pastor, Dios me dio una palabra. Tenía veinte años de edad, era soltero y estudiante de un colegio bíblico. Un hombre habló en un culto de nuestra capilla. Además tocó el piano y guió la alabanza con su esposa. Estaba dando palabras proféticas muy alentadoras a las personas. Me sentía un poco incómodo con todo eso. Yo había aprendido a ser cauteloso de los pronunciamientos proféticos... aun los positivos.

Unos días más tarde, ese hombre habló en una iglesia cercana. Un amigo quiso ir y me pidió que fuera con él. Nos sentamos en la fila de atrás. En algún momento durante el mensaje, el hombre se detuvo y apuntó hacia mí. Dijo: «Viniste esta noche a mirar, pero Dios tiene algo para ti. Fuiste dedicado al ministerio desde antes de nacer. Dios tiene un llamado para tu vida y tendrás un ministerio como el mío. Profetizarás, te casarás con una mujer que canta, tocarás el teclado y viajarás alrededor del mundo haciendo cruzadas de sanidad. Dios te usará para que hagas grandes cosas en su reino». Pero no se detuvo ahí. Había una condición. Continuó: «*Si* superas tu agobiante perfeccionismo. Solamente sé tú».

No estoy seguro de quién estaba más asombrado, mi amigo o yo. Ciertamente no había ni rastro de nada de esto en mi vida en aquel tiempo.

Estaba furioso... no con el tipo o con Dios, sino con mis padres. ¡Nunca me habían dicho que me habían dedicado al ministerio! Les conté acerca de la profecía y les pregunté por qué no me lo habían dicho. Solo se encogieron de hombros y dijeron: «Sabíamos que lo descubrirías tarde o temprano».

Con los años, todas las palabras del hombre se han vuelto realidad, incluyendo mi liberación del perfeccionismo. Pero el ser usado por Dios tomó mucho, mucho tiempo. Yo fui demasiado resistente, demasiado ajustado a las maneras tradicionales, demasiado incrédulo a que el Espíritu iba a obrar a través de mí con gracia y poder.

En las dos últimas décadas, Dios me ha quebrantado, doblegado y reformado. Ha sido emocionante y penoso, ha sido exactamente lo que necesitaba para convertirme en el hombre que Dios quería que yo fuera. He aprendido tanto, pero siento que solo estoy comenzando a conocer «ese amor [el amor de Cristo] que sobrepasa nuestro entendimiento» y experimentar «cuán incomparable es la grandeza de su poder a favor de los que creemos» (Efesios 3:19; 1:19). Mientras más sé, más me doy cuenta de cuánto desconozco. Dios es el único infalible, omnisciente. Solo estoy tratando de saber, escuchar y obedecer momento a momento. Creo que Él está bastante contento con eso.

La estrategia que Dios nos ha dado nos pone en contacto con el Espíritu de Dios de una forma más completa y poderosa que cualquier cosa que haya experimentado al guiar una iglesia, pero es solo una estrategia. Usted puede adoptar la nuestra, adaptarla, o crear la suya propia. No es la forma lo que importa; es el corazón. Pida a Dios un corazón quebrantado, un corazón abierto y un corazón sumiso, primero para usted y luego para las personas que se le unirán al crear una nueva cultura en su iglesia. Espere golpes a lo largo del camino. Somos personas caídas en un mundo caído. Las cosas del Espíritu de Dios siempre son más grandes, más profundas y más grandiosas de lo que podemos imaginar. No las podemos controlar más de lo que podemos controlar un huracán. Pero la fuerza asombrosa del Espíritu no es destructiva. Apunta a la majestad del Padre y al tierno y perdonador amor del Hijo. Estamos sorprendidos de que Él nos llamara suyos. Cualquier estrategia que sea guiada por el Espíritu nos impulsará inevitablemente a experimentar más maravilla, gozo y amor de lo que alguna vez soñamos que fuera posible.

PIENSE AL RESPECTO...

1. Pablo dijo tres veces: «¡ambicionen los mejores dones!» ¿Desea usted los dones realmente y está comprometido en oración acerca de ellos? Escriba su oración a Dios acerca de esto.

2. ¿Cómo ha entendido y experimentado los nueve dones en 1 Corintios 12?

3. ¿Qué piensa usted que debe suceder antes de que pueda guiar a otros en los dones espirituales?

4. ¿Cuándo piensa que estará listo para realizar una Escuela de Ministerios? ¿Qué señales en su propia vida usted necesita ver? ¿Qué señales necesita ver en la vida de otros que quieren asistir?

5. ¿Cuáles son las mayores esperanzas y los mayores temores al pensar en realizar esta escuela?

CAPÍTULO 13

CAMBIO DE CULTURA

El reino de Cristo es completamente opuesto a la forma en que el mundo piensa y actúa. Es radical, desconcertante, inesperado, sorpresivo, y en realidad, no deseado por muchas personas que dicen seguirlo a Él. Nosotros preferimos ser felices a ser obedientes. Preferimos más bien estar satisfechos que tener hambre. Jesús dijo que el camino hacia arriba es yendo hacia abajo, que los últimos serán los primeros, que la manera de tener verdadero poder está en elegir convertirse en el siervo más pequeño, que la fuente de la verdadera riqueza es dar con sacrificio, y que el camino hacia la libertad es admitir que somos esclavos del pecado.

Nuestra cultura norteamericana ama a los ganadores. En los deportes, los negocios, las artes, y cualquier otro ámbito, se les celebra y los perdedores son echados al olvido. No es muy diferente en la iglesia. Con demasiada frecuencia glorificamos a los ganadores, los líderes que han hecho cosas grandes, y pasamos por alto a los que sirven fielmente a Cristo en la oscuridad.

Si las personas han de fluir con el Espíritu, necesitamos tener un cambio radical en nuestra manera de pensar, nuestros valores y nuestra cultura. Todo en nosotros, y todo en nuestros líderes y seguidores, levanta la voz en protesta contra esta reorientación. Pero es necesaria. Como siempre, ésta comienza con usted y conmigo. Si no estamos haciendo progresos en cuanto a vivir de acuerdo a los principios completamente opuestos de la vida espiritual, no podemos esperar que otros lo hagan tampoco. Nosotros tenemos que ser los primeros. Scott se llama a sí mismo el «Seguidor delantero». Eso es un ejemplo perfecto de una etiqueta que describe la nueva cultura, y no podemos esperar a que la gente esté en nuestra junta de liderazgo para comunicar el mensaje de este reino completamente opuesto. Tiene que ser infundido en cada grupo etario, en todos los planes de estudio, en todas las reuniones de liderazgo, en cada sermón, y en cada oración. Nos adentramos en este nuevo territorio pulgada a pulgada.

QUEBRANTADO Y ABIERTO

Debilidad… la evitamos como la peste. Vulnerabilidad… no podemos soportarla, así que la cubrimos. Quebrantamiento… ¡preferimos vernos como vencedores! Uno de los componentes clave del reino completamente opuesto es que precisamente la debilidad es la puerta abierta a la fuerza espiritual. Las Bienaventuranzas son una expresión de este principio. Los que son «Bienaventurados» son los pobres en espíritu, aquellos que saben en lo profundo de sus almas que están en bancarrota sin la gracia de Dios. «Los bienaventurados» también incluye a los que lloran, a los que son mansos, a los que tienen hambre y sed de justicia, a los que son misericordiosos en vez de ser intimidantes, a los que buscan la paz en vez de insistir en ganar, y a los que soportan la persecución por causa de Cristo (Mateo 5:3–12).

Dios no deja la teología en los libros de nuestros estantes. ¡Él trae su verdad a nuestra vida, a menudo en las formas más incómodas! Pablo fue llevado al tercer cielo y vio cosas gloriosas que la gente no suele ver. Sintió la tentación de ser arrogante debido a su experiencia, pero Dios lo derribó con un «aguijón en la carne». Pablo pidió al Señor que se lo quitara y le diera alivio, pero la agenda de Dios era diferente a la del apóstol. El Señor le aseguró: «Bástate mi gracia, porque mi poder se perfecciona en la debilidad». Y Pablo concluyó diciendo:

«Por lo tanto, gustosamente haré más bien alarde de mis debilidades, para que permanezca sobre mí el poder de Cristo. Por eso me regocijo en debilidades, insultos, privaciones, persecuciones y dificultades que sufro por Cristo; porque cuando soy débil, entonces soy fuerte» (2 Corintios 12:9–10).

¿Deleitarse en el sufrimiento? ¿Está hablando Pablo en serio? Sí, pero solo porque él se había comprometido con un reino completamente opuesto y con una cultura enriquecida por el Espíritu. Todos nosotros podemos tener nuestra propia lista de debilidades y angustias que hemos evitado, minimizado, justificado, racionalizado u ocultado, incluso de aquellos que más nos aman. Aquí hay una lista que podría resultarnos familiar:

- Chismes.
- Exagerar la verdad o mentiras descaradas.
- Estar buscando siempre la atención, admiración y aplausos.
- Vivir con un espíritu de autocompasión, resentimiento y privilegios.
- Ignorar las necesidades de los demás.
- Desempeñar una actividad religiosa vacía.
- Soñar despierto acerca del éxito, el placer, o la aprobación.
- Estructurar nuestra vida para procurar triunfos, placer, o aprobación más que el reino de Dios.
- Vivir bajo una nube de dudas acerca de la grandeza y la gracia de Dios.
- Quejarse de los contratiempos en vez de confiar que Dios los usa para su gloria y para nuestro bien.
- Vivir con un sentido agudo o crónico de ansiedad porque las cosas no van como habíamos planeado.

Por supuesto, la lista podría tener muchas páginas más. La mayoría de nosotros miraría la lista e inmediatamente diríamos: «¡Ese no soy yo! Yo no hago eso...» Pero al menos tome tiempo para pensar y orar. Invite al Espíritu a derramar su luz en lo más recóndito de su corazón. Es posible que haya ocultado sus acciones y actitudes de la vista de las personas, pero no de Él.

Puede ser que contemplar estos defectos, le pueda ayudar a considerar hasta qué punto los rasgos *opuestos* son verdaderos (o son evitados) en su vida. Por ejemplo, un chisme está difundiendo información, verdadera o falsa, diseñada para derribar a otra persona. Lo contrario es mantener la boca cerrada o ir a la persona y hablar la verdad con amor. La gratitud plena es lo contrario a las quejas. ¿Lo entiende?

Únicamente en la medida en que seamos quebrantados delante del Señor, estaremos abiertos al fluir del amor, el perdón, la aceptación y al poder transformador del Espíritu. En la mayoría de los casos, una nueva cultura en una iglesia comienza con un corazón renovado en el pastor.

> Únicamente en la medida en que seamos quebrantados delante del Señor, estaremos abiertos al fluir del amor, el perdón, la aceptación y al poder transformador del Espíritu.

DESPLEGANDO LA ESTRATEGIA

Me puedo imaginar un pastor o líder de iglesia que ha llegado a este punto de la lectura pensando: *¡Empezaré todo esto hoy!* Aplaudo el entusiasmo, pero le tengo una recomendación muy fuerte: ¡No! Antes de pensar en la implementación de cualquier estrategia, encuentre a alguien que lo ayude a interiorizar los principios de una vida llena del Espíritu Santo, no solo el poder y la santidad, sino también la debilidad y la vulnerabilidad. Usted puede pensar que lo sabe todo, pero un buen mentor puede llevarlo más profundo… a veces mucho más profundo. ¿Dónde se encuentra este tipo de mentor? Un viejo proverbio chino dice: «Cuando el alumno está listo, el maestro aparece». Si usted está listo, pida a Dios que le dé la persona que necesita para que sea su mentor. La persona adecuada aparecerá en el momento adecuado. Puede que no sea su mejor amigo o alguien muy conocido y respetado. El Señor puede traer a alguien que usted nunca esperaba. Esté abierto a su dirección. No creo que Scott me habría elegido para ser su mentor en las cosas del Espíritu. En cierto modo, somos como el agua y el aceite. Pero Dios nos llevó a hacernos amigos, y ambos nos hemos beneficiado en gran medida de nuestro vínculo. En realidad, por alrededor de un año, yo supe que Dios quería que entrara en la vida de Scott, pero no era aún el momento indicado. Cuando el Espíritu nos impulsó tanto a él como a mí, los dos estábamos listos. Empezamos como mentor y estudiante, pero ahora somos compañeros.

Jesús nos dijo que pidiéramos, que buscáramos y que llamáramos. Si tenemos hambre de Dios, Él enviará a alguien para alimentarnos con el maná del Espíritu y para saciar nuestra sed con el desbordamiento del agua viva.

No se puede desplegar la estrategia global de una vez. Creo que Dios nos da puntos de referencia como señales de que estamos listos para dar los pasos que siguen. Cuando ya hemos dado esos pasos, entonces podemos pasar a lo siguiente. Si tratamos de hacer muchas cosas demasiado pronto, probablemente vamos a confundir a nuestra gente, erosionar su confianza, y haremos que el plan se retrase varios meses. Este es el proceso que usted puede esperar:

1. En primer lugar, reconocerá un hambre genuina por Dios. Abra su corazón al Señor y pídale que se revele a su vida. (Usted probablemente ya llegó a este punto o si no, no hubiera leído hasta aquí.)

2. Encuentre un mentor de confianza que le empuje a ser más honesto de lo que jamás usted haya sido. El Señor lo llevará a alguien para ayudarlo a exponer los deseos y pecados de su corazón, y usted experimentará el quebrantamiento y la sanidad. Esto no es un asunto «de un solo golpe». El Señor es paciente y persistente. Si su corazón se mantiene abierto, Él despegará capas de autoengaño en la medida que usted continúe orando, buscando y hablando con su mentor. Con el tiempo, vuélvase competente en dos habilidades esenciales que a menudo se pasan por alto: la confesión y el arrepentimiento.

3. La primera evidencia de un cambio real, significativo y persistente, es que su familia notará algo diferente en sus actitudes y acciones. Probablemente le darán la bienvenida al cambio, pero esto también puede crear confusión. Incluso, a menudo un cambio positivo es difícil de aceptar para el cónyuge y los hijos. Deles tiempo. Están buscando la autenticidad, fidelidad, ternura y consistencia. Las palabras vacías no son suficientes.

> Sus líderes se darán cuenta de que están más interesados en la gloria de Dios y en experimentar su presencia que en la asistencia, el éxito de los programas y el presupuesto.

4. Sus líderes se darán cuenta de que están más interesados en la gloria de

Dios y en experimentar su presencia que en la asistencia, el éxito de los programas y el presupuesto. La manera en que se conducen las reuniones de los miembros, las reuniones del liderazgo, los cultos de adoración, y cualquier otro evento en la iglesia cambiará porque usted está cambiando. A algunos líderes y voluntarios les encantará, pero algunos pueden sentirse confundidos o amenazados por sus nuevos valores y pasión.

5. En la medida en que sus líderes noten el cambio en usted, comparta lo que Dios está haciendo en su vida. Dígales sobre el impacto de su mentor, y pida a los líderes que se unan a usted en la búsqueda de Dios con todo su corazón y el uso de los dones del Espíritu. Comience a formar un pequeño equipo de personas que compartan la idea que hay en su corazón de llegar a este nuevo día de vida guiada por el Espíritu. Estas personas pueden estar en su junta directiva (¡o tal vez no!), su equipo personal, sus principales voluntarios, o un grupo de amigos de confianza que son parte de su ministerio. Construya una cabecera de puente para una nueva cultura, y crezca desde allí. Pídales que se reúnan con usted a menudo en las próximas semanas para tener tiempos informales de oración.

6. Amplíe el círculo progresivamente. Con el apoyo y las oraciones de los creyentes que se le han unido, invite a más líderes y voluntarios a su ministerio para abrir su corazón al Espíritu. Sea paciente. Espere confusión y resistencia. Permita que le hagan todas las preguntas que se les ocurra, y deles las gracias por preguntar, aun si su tono resultara un

poco ofensivo. Ellos necesitan tiempo para procesar lo que usted les está pidiendo que hagan, de la misma manera que a usted le ha tomado tiempo poder asimilar lo que significa crear una nueva cultura. Este es a menudo un momento crucial en la transición de una iglesia.

7. Partiendo de las reuniones informales de oración forme el Núcleo. Invite a la gente a venir, explique el propósito y el proceso, y comience a orar regularmente con ellos. Encuentre el tiempo que funciona mejor para usted y para ellos, y sumérjase en la oración. Pídales un compromiso de tres meses. Al final de este tiempo, reevalúe, y solicite un compromiso más prolongado.

8. Al final de tres meses, deje que cada persona en el Núcleo invite a un amigo de confianza a unirse al grupo. Tómese el tiempo que necesite en la primera reunión para explicar los principios y prácticas al grupo ampliado, y para responder a sus preguntas. Algunos pueden no sentirse cómodos con unirse al equipo de oración. Eso está perfectamente bien. Ámelos y anímelos. No permita que haya siquiera un indicio de «los de adentro» y «los de afuera». Es posible que éstos quieran unirse más tarde.

9. Reclute, seleccione y entrene mentores competentes (probablemente de su Núcleo) e invite a la gente a una Búsqueda de la Libertad, después de que usted haya asistido a una, por supuesto. El número de mentores determina el tamaño de su Búsqueda de la Libertad. No lo fuerce. Y recuerde: un mentor para cada participante: los hombres

252 DESPEJE LA PLATAFORMA

con los hombres, las mujeres con las mujeres. Después de la actividad, pastoree las parejas de mentores y participantes a través de las doce semanas de seguimiento.

10. Después de las doce semanas de seguimiento de enseñanza, capacitación y discipulado, considere invitar a todos o algunos de los participantes a asistir a un semestre de la Escuela de Ministerio.

11. Ahora la estrategia está totalmente comprometida: el Núcleo se reúne semanalmente, una Búsqueda de la Libertad se celebra dos veces al año, y la Escuela de Ministerio tiene dos semestres al año, primavera y otoño.

Mediante todo esto, una cultura nueva se establece en su iglesia. Habrá muchos desvíos y retrasos, algunos desacuerdos y malentendidos, confusión y conflictos inevitables. Esto no es una máquina en la que podemos hacer ajustes para que funcione sin problemas. Estamos tratando con personas que están tratando de caminar con el Dios vivo y un enemigo que se opone a una fe viva, apasionada y vital.

¿Cuánto tiempo dura esto? Todo el que sea necesario. No hay plazos rígidos o fechas tope. Su mentor lo ayudará a saber si usted está forzando demasiado las cosas o si está siendo muy tímido. Yo esperaría que las cosas se desarrollaran en un año por lo menos, pero no me sorprendería que se necesitaran dos. A lo largo de este período, siga buscando a Dios con todo su corazón. Continúe reuniéndose con su mentor y eche profundas raíces de fe. Practique los dones, y vea a quién Dios le trae para unirse a usted en la aventura.

UN EJEMPLO

Nuestra iglesia ha estado implementando y refinando nuestra estrategia desde hace casi dos décadas. Hemos tenido tiempo de sobra para aprender a través del ensayo y del error, ¡pero tal vez otras iglesias no tengan que repetir todos los errores que nosotros cometimos para así aprender las lecciones! Cuando Scott se sintió guiado a iniciar un Núcleo, las Búsquedas de la Libertad, y una Escuela de Ministerio, él le comunicó a su personal acerca de toda la estrategia. El Pastor de los niños y el pastor de los estudiantes se sintieron abrumados. Ellos vinieron y le dijeron: «Bueno, podemos ver que esto será un gran cambio para nuestra iglesia, pero no podemos hacerlo todo hoy. ¿Cuáles son las tres cosas que son sus principales prioridades para nosotros durante los próximos seis meses?»

Scott lo pensó, y les mostró tres pasos para empezar a cambiar la cultura en *The Oaks*, empezando por los jóvenes:

1. Se animará a cada persona joven a orar en el Espíritu en todo momento. Debería ser normal que los cristianos llenos del Espíritu oren en el Espíritu en cualquier momento y en cualquier lugar, no en voz alta, o de una manera extraña, sino en voz baja, tranquila y consistentemente, como Efesios 6:18 nos manda a hacer.

2. Cada joven aprenderá a vivir con una percepción profética. La gente debe saber cómo escuchar y reconocer la voz de Dios para que pueda caminar en obediencia conforme a su voluntad. Dios hablará, sanará y ministrará a través de todos los que tienen este tipo de percepción del Espíritu.

3. Los jóvenes se darán cuenta de que es en la iglesia donde ellos son capacitados para el ministerio, pero que es en la vida donde ocurre el ministerio. Todo el mundo recibe una llama para poder arder brillantemente en sus negocios, escuelas, equipos deportivos y familias.

Por supuesto, Scott comenzó a implementar estas cosas en los cultos de adoración, clases y grupos, y en cada nivel de liderazgo en *The Oaks* pero él cree que es importante empezar desde joven. Y puede ocurrir que «los niños guíen a sus padres a la renovación espiritual, cuando lleguen a sus casas y compartan lo que están aprendiendo».

> Y puede ocurrir que «los niños guíen a sus padres a la renovación espiritual, cuando lleguen a sus casas y compartan lo que están aprendiendo».

Para infundir poder y amor llenos del Espíritu Santo en la iglesia, toda reunión puede comenzar con oraciones, no oraciones rancias o palabras sin vida, sino orando en el Espíritu, en voz alta y calurosamente, para invitar al

Espíritu de Dios que se derrame entre nosotros con ternura y fuerza. Cada equipo de ministerio puede incorporar este tipo de oración en sus reuniones. No es algo superfluo. Es esencial si vamos a tocar el corazón de Dios y obtener su sabiduría para nuestros ministerios. Nos recuerda que estamos viviendo en un reino que es completamente opuesto, y en última instancia, son sus planes, no los nuestros.

CUESTE LO QUE CUESTE

Podemos leer un montón de libros acerca del crecimiento de la iglesia, los estilos de adoración y la preparación de sermones. Podemos encontrar una gran cantidad de ejemplos de pastores y otros líderes espirituales que están haciendo un montón de cosas muy buenas, pero puede que no haya muchos que estén abiertos a ser quebrantados por el Señor y estén dispuestos a poner en práctica una nueva cultura del Espíritu. Encuentre en su área líderes humildes, llenos de Dios y pase tiempo con ellos. Si los líderes que usted encuentra no están cerca de usted, pregunte si puede conducir o volar hasta allí por unos días para disfrutar de lo que ellos le pueden impartir.

Si usted tiene hambre, Dios puede traerle a alguien a su vida, o usted pudiera buscar por todas partes hasta que encuentre a esa persona que puede ayudarlo a fluir con el Espíritu. De cualquier manera, Dios proveerá.

Forme una red de pastores y otros líderes de la iglesia que tengan hambre y sed de Dios, que estén abiertos a la obra del Espíritu para glorificar a Cristo y dispuestos a capacitar a los creyentes con todos los dones. Ore con y por los otros, y vea lo que Dios hará. Despeje la plataforma en su liderazgo para permitirle al Espíritu Santo hacer maravillas en y a través de usted. Provea tiempo y espacio para que los dones operen. Será increíble.

PIENSE AL RESPECTO...

1. ¿Por qué es importante reconocer y abrazar el reino completamente opuesto? ¿Qué pasa con nuestro liderazgo cuando procuramos el éxito, el placer y la aprobación en lugar de la gloria de Dios?

2. ¿De qué manera lo ayudará el identificar los puntos de referencia del progreso?

3. ¿A quién conoce usted que pueda animarle, inspirarle, retarle y capacitarle?

CAPÍTULO 14

VALE LA PENA

En el amplio espectro de estilos de liderazgo y en la complejidad de las situaciones de la iglesia, podemos identificar tres maneras muy diferentes de pastorear una iglesia. Algunos tratan de estar en completo control de cada persona y situación, ahogando así la espontaneidad y la vida de todos los aspectos de la adoración y el ministerio. Algunos se van hacia el otro extremo: piensan que la planificación y la organización apagan el Espíritu, así que asumen la posición de simplemente «dejar que las cosas sucedan». Ambos métodos hacen que el pastor se sienta seguro y cómodo, pero por razones opuestas: en el primer caso él se siente amenazado ante cualquier cambio substancial (o, incluso, ante leves variaciones), y en el segundo, el pastor quiere evitarse la responsabilidad del trabajo de planificación y la toma de decisiones difíciles.

Pero hay una tercera vía: el rol bíblico, dado por Dios de pastorear el rebaño que Él mismo nos ha confiado. Cuando hacemos el trabajo duro, pero necesario, de proveer liderazgo espiritual, tenemos que pagar un precio, pero que bien vale la pena. Nos damos cuenta de que somos socios de Dios en la aventura más grande que el mundo haya conocido: buscar

258 DESPEJE LA PLATAFORMA

y salvar a los perdidos, hacer discípulos radiantes, y establecer su reino de bondad, justicia y rectitud en la tierra.

Cuando consideramos el precio que debemos pagar para orar, escuchar, planificar y liderar, la pregunta para todos nosotros es la siguiente: ¿Vale la pena?

Nuestra respuesta es un rotundo «¡Sí!»

LA MEJOR INVERSIÓN

Debido a que Scott y yo hemos confiado en Dios para que nos capacite y guíe como pastores de nuestras dos iglesias, hemos tenido que invertir tiempo, corazón y energía en nuestro pueblo, pero es una inversión que ha dado grandes dividendos. En pocas palabras, hemos visto lo que todos anhelamos ver: ¡hemos visto a Dios manifestarse! Dios nos ha hablado a través de nuestra congregación, los incrédulos han venido a la fe, las relaciones quebrantadas han sido restauradas, la gente se ha preocupado por atender a los menos afortunados, y un espíritu de alabanza impresionante y sagrado ha rodeado nuestras iglesias.

Cuando hemos contado nuestras historias, algunas personas han preguntado tímidamente:

—Bueno, pero... ¿eso no ha sido un poco, ya saben, raro?

Nosotros hemos respondido:

—Ha sido increíble, ha sido tremendo, conmueve el alma, ha sido sobrenatural la manera en que Dios ha obrado en el amor y el poder entre nosotros. ¿Es eso a lo que se refiere con *raro*?

Experimentar lo sobrenatural no debe ser raro para nosotros. Debe ser un procedimiento operativo estándar.

Para entrenar a los doce, Jesús los envió de dos en dos con estas instrucciones:

«Dondequiera que vayan, prediquen este mensaje: El reino de los cielos está cerca. Sanen a los enfermos, resuciten a los muertos, limpien de su enfermedad a los que tienen lepra, expulsen a los demonios. Lo que ustedes recibieron gratis, denlo gratuitamente» (Mateo 10:7-8).

Antes de que Jesús ascendiera al Padre, Él habló a los discípulos y les dijo:

«Vayan por todo el mundo y anuncien las buenas nuevas a toda criatura. El que crea y sea bautizado será salvo, pero el que no crea será condenado. Estas señales acompañarán a los que crean: en mi nombre expulsarán demonios; hablarán en nuevas lenguas; tomarán en sus manos serpientes; y cuando beban algo venenoso, no les hará daño alguno; pondrán las manos sobre los enfermos, y estos recobrarán la salud» (Marcos 16:15-18).

El relato de Mateo acerca de esta conversación justo antes de la ascensión añade, además, el mandato de Jesús de hacer discípulos a todas las naciones: «enseñándoles a obedecer todo lo que les he mandado a ustedes» (Mateo 28:20). «Todo» seguramente incluye el Gran Mandamiento y la Gran Comisión, pero sus seguidores no podían cumplir estos mandamientos sin el poder del Espíritu Santo. Podremos vivir veinte siglos más tarde, mas el mandato de enseñar «todo» sigue en pie.

La vida sobrenatural es «normal» para aquellos que están llenos del Espíritu, enamorados de Jesucristo, y sumisos a la voluntad del Padre. Cuando probamos este tipo de poder y amor en nuestra propia vida, entonces este mismo poder se derramará en la vida de aquellos que nos rodean. Y cuando muchos otros en nuestras iglesias experimenten la presencia, el amor y el poder del Espíritu, todas estas cosas se desbordarán en sus familias, en sus compañeros de trabajo y en sus vecinos, ¡y verán una oleada gigantesca de vidas transformadas!

> La vida sobrenatural es «normal» para aquellos que están llenos del Espíritu, enamorados de Jesucristo, y sumisos a la voluntad del Padre.

Sin embargo, estas cosas no suceden así, espontáneamente. Requieren de pastores y líderes que se humillen ante el Señor, que busquen fervientemente su rostro, y que le pidan que los capacite con el poder de su Espíritu. Tienen que pagar un precio, pero pronto descubren que es la mejor inversión que jamás podrían haber hecho.

Los primeros líderes de la iglesia sabían que necesitaban ser buenos pastores de su pueblo. En el día de Pentecostés, lenguas de fuego descendieron sobre los 120 discípulos en

el aposento alto, y proclamaron el evangelio a los peregri-
nos judíos en sus propios idiomas. Pedro se levantó para
predicar las buenas nuevas. Las personas estaban confundidas por lo que habían visto y oído, así que Pedro comenzó
diciendo: «Compatriotas judíos y todos ustedes que están
en Jerusalén, déjenme explicarles lo que sucede; presten
atención a lo que les voy a decir» (Hechos 2:14). Él no
empezó con suposiciones que ellos «entenderían» tarde o
temprano, no, él entró y tomó la palabra para enseñar la verdad y corregir cualquier pensamiento erróneo.

Al final del poderoso mensaje profético del Evangelio
que Pedro les dio, el Espíritu conmovió profundamente
a muchos corazones, y le preguntaron: «Hermanos, ¿qué
debemos hacer?» (Hechos 2:37). Una vez más, Pedro
pastoreó al pueblo explicando el siguiente paso de fe:
«Arrepiéntanse y bautícese cada uno de ustedes en el nombre de Jesucristo para perdón de sus pecados, y recibirán el
don del Espíritu Santo. En efecto, la promesa es para ustedes, para sus hijos y para todos los extranjeros, es decir, para
todos aquellos a quienes el Señor nuestro Dios quiera llamar» (Hechos 2:38–39).

Podemos ver la obra del Espíritu en la vida de Pedro,
incluso, en este primer día de ser lleno del Espíritu y guiado
por el Espíritu. En vez de ser impulsivo y reaccionario, él
continuó hablando paciente y persistentemente para suplir
las necesidades de su nuevo rebaño. Lucas nos dice: «Y
con muchas otras razones les exhortaba insistentemente:
"¡Sálvense de esta generación perversa! Así, pues, los que
recibieron su mensaje fueron bautizados, y aquel día se unieron a la iglesia unas tres mil personas» (Hechos 2:40–41).

Por supuesto, la primera carta de Pablo a los corintios contiene una clara y extensa enseñanza sobre el uso de los dones. En el capítulo 12, él los enumera y proporciona instrucciones acerca de ellos; en el capítulo 13, advierte a los corintios que eviten expresar los dones sin el amor verdadero; y en el capítulo siguiente, les proporciona directrices detalladas sobre cómo usar los dones, especialmente en público. Desde la perspectiva de Pablo, lo importante de los dones es que no deben ser sensacionalistas, sino para edificar la iglesia en todos los sentidos.

TEMORES COMUNES

Muchos pastores se han retractado de enseñar sobre el hablar en lenguas y la profecía, porque temen que la gente haga cosas extrañas en su iglesia, y que en consecuencia, los avergüencen a ellos y a Dios. Si abrimos nuestro corazón y nuestra vida de iglesia para expresar los dones, muchas cosas inusuales pueden y, probablemente, sucederán, lo cual no significa que debamos desecharlo todo. Ponerle freno a la obra del Espíritu nos priva de un sinnúmero de oportunidades para que Él haga cosas maravillosas entre nosotros. Entonces el

> Entonces el objetivo no es eliminar lo que es diferente o raro, sino más bien poner un límite, gestionarlo, y ayudar a la gente a aprender lecciones valiosas cuando esto suceda.

objetivo no es eliminar lo que es diferente o raro, sino más bien poner un límite, gestionarlo, y ayudar a la gente a aprender lecciones valiosas cuando esto suceda.

En uno de los cultos de Scott, un hombre trajo un shofar al auditorio. En medio del sermón, el hombre dio varios soplidos bastante ensordecedores y largos al instrumento; sus interrupciones fueron su intento de ofrecer alabanza al Señor, pero en vez de traer aliento a la congregación, lo que hizo fue asustarla. Scott tuvo que pastorear la situación en privado y pedir al hombre que dejara de tocar el shofar durante el culto, porque estaba distrayendo a la gente durante la adoración.

En mi adolescencia escuché a una mujer, tratando de dar una interpretación de lenguas, gritar con arrogancia: «El Señor dice: "El que ríe al último, ríe mejor"». También recuerdo a una persona en nuestra iglesia que dio una palabra profética, pero el tono en que lo hizo no fue alentador, fortalecedor, reconfortante. Sus palabras decían: «Dios te ama», pero su voz y la expresión de su rostro eran muy duras. Esta mezcla de ira y compasión provocan un mensaje confuso y destructivo. Esa no es la voz del Señor. Me dirigí al hombre después del culto para ayudarlo a entender que él no tenía que hablar con aspereza para ser utilizado proféticamente. Yo le pregunté:

—¿Cree usted que Dios está enojado con nosotros?

Él pensó por un segundo y luego respondió:

—No lo creo.

Le expliqué:

—Usted parecía estar muy enojado cuando habló, a pesar de que Dios estaba diciendo que Él nos amaba.

Muchas personas recibieron ásperos pronunciamientos proféticos cuando crecían, por lo que suponen que esa es la manera en que Dios habla todo el tiempo. Ellos necesitan una enseñanza clara y un pastoreo paciente para que conozcan mejor este asunto.

En algunas iglesias pentecostales tradicionales, «el danzar en el Espíritu» se expresó de manera descuidada y descabellada; de hecho, mientras más descabellada era la danza, era mejor. La gente corría en círculos, movían sus cuerpos frenéticamente, corrían hacia las paredes, saltaban sobre los bancos, aquello era increíble. En la iglesia de mi papá, los domingos por la noche eran los más apropiados para que esas cosas sucedieran. Durante uno de los cultos, una señora que era bastante alta se levantó con su bebé en brazos y comenzó a bailar salvajemente. De repente, tropezó y cayó sobre el pequeño, ahí mismo el bebé dejó de respirar y comenzó a ponerse azul y ella empezó a gritar sin parar. Mi padre intervino y dijo:

—Denme el bebé y llévenla al cuarto de atrás.

Mientras algunas personas acompañaron a la madre fuera de la habitación, mi padre se volvió hacia la congregación y les dijo:

—Mañana por la mañana *ninguno de nosotros leeremos* en el periódico sobre una iglesia que mató a un bebé en un culto de domingo por la noche. Pidamos a Dios que le dé vida a este bebé nuevamente.

Yo solo tenía diez años de edad, así que todo esto fue fascinante para mí. Papá estaba muy tranquilo. Oró más o menos por un minuto, y luego el bebé comenzó a llorar y el color volvió a su rostro. Había sido un milagro a partir de una necesidad, no por elección propia.

Las Escrituras enseñan y describen casos de danza en el Espíritu como una expresión maravillosa de adoración, pero no es «en el Espíritu» cuando se convierte en distracción, en algo sensual o fuera de control. «Todo debe hacerse de una manera apropiada y con orden» (1 Corintios 14:40).

Podría enumerar y describir otras conductas extrañas que han ocurrido a lo largo de mis treinta y cinco años de ministerio, pero ninguna de ellas se acerca a la «actividad inusual» que Pablo tuvo que enfrentar en la iglesia de Corinto. De acuerdo con lo que leemos en su primera carta, Pablo dijo que le estaban dando a Dios una mala reputación por la manera en que manejaban los dones espirituales durante sus cultos. Sin embargo, esto no quiere decir que Pablo quería que ellos detuvieran completamente el fluir del Espíritu. De hecho, los animó: «Así que, hermanos míos, ambicionen el don de profetizar, y no prohíban que se hable en lenguas. Pero todo debe hacerse de una manera apropiada y con orden» (1 Corintios 14:39–40).

PASTOREAR LOS DONES

El miedo al comportamiento extraño era exactamente la razón por la que Scott me llamó la semana después de que anunciara «un nuevo día» en *The Oaks*. Había visto suficientes cosas raras en su experiencia como hijo de un pastor y como pastor, y no estaba dispuesto a permitir una conducta ofensiva o distinta que arruinara las cosas buenas que Dios estaba haciendo en su iglesia. Él estaba abierto a permitir una manera nueva en que el Espíritu obrara con gracia y poder, pero necesitaba directrices. Él mismo necesitaba ser guiado y también sus líderes, y todas las personas que asistían a *The Oaks*.

Desarrollamos así las llamadas «Reglas del compromiso» para ayudar a los pastores, primeramente, a Scott y a mí, a realizar nuestros cultos decentemente y con orden. Los pastores tienen todas las razones para preocuparse si ocurriera algún comportamiento extraño cuando las personas están aprendiendo a usar los dones en lugares públicos. Estas reglas nos ayudan a entrenar a nuestros líderes, a guiar a la congregación, limitan las rarezas, y corrigen amorosamente a las personas que intentan pasarse un poquito de la raya. Proporcionan una estructura para que los dones puedan edificar a las personas en lugar de alejarlas de la iglesia. Queremos que la gente se sorprenda de la gracia, el amor, la sabiduría y el poder de Dios. Queremos que los dones se expresen para hacer que suceda lo que dice 1 Corintios 14:25: «y los secretos de su corazón quedarán al descubierto. Así que se postrará ante Dios y lo adorará, exclamando: "¡Realmente Dios está entre ustedes!"» Y no que las personas vengan a nuestros cultos y suceda lo que se describe en 1 Corintios 14:23, que dice: «Así que, si toda la iglesia se reúne y todos hablan en lenguas, y entran algunos que no entienden o no creen, ¿no dirán que ustedes están locos?»

Algunos pastores reaccionan a estas directrices e insisten: «¡Eso es apagar el Espíritu!» Yo no estoy de acuerdo. Liderar, pastorear y entrenar a las personas en la utilización de los dones solamente apagará las expresiones que son *impulsos de la carne*. Las directrices en realidad desatan el Espíritu.

Aquí está la esencia: los pastores y otros líderes de la iglesia no pueden asumir que les es posible dejar que la congregación tenga expresiones libres y espontáneas de los dones. Son pastores, y una parte del papel que Dios les dio es orientar a sus miembros en el uso de estos. Los dones son como la gasolina, son fuentes de energía que se pueden utilizar con eficacia para mover a las personas en una dirección positiva o pueden ser utilizados ineficazmente para destruir. Los pastores deben establecer orden, o, de acuerdo con la ley de la entropía, el desorden será inevitable.

> Los dones son como la gasolina, son fuentes de energía que se pueden utilizar con eficacia para mover a las personas en una dirección positiva o pueden ser utilizados ineficazmente para destruir.

Si algo no está funcionando bien no significa el fin del mundo, al contrario, es una oportunidad para pastorear a las personas que necesitan enseñanza y dirección. Una vez una señora en la iglesia de Scott comenzó a hablar en lenguas durante el llamado al altar. Ella estaba llorando y habló en voz alta por un minuto, luego dos minutos, y luego tres minutos. Scott se le acercó y le dio unas palmaditas en el hombro, y le dijo:

—Gracias por compartir su don. Ahora tenemos que esperar a que alguien interprete.

La interpretación vino de alguien en la sala y fue bien corta y directa:

—El Señor dice: «Te voy a liberar».

—El Señor dice: «Te voy a liberar».

Finalizado el culto, Scott habló con ella, que no estaba enojada porque él la había detenido. En realidad, ¡estaba emocionada! Ella le dijo:

—Provengo de un trasfondo religioso que no tiene experiencia con los dones. Le entregué mi corazón al Señor hace unos meses, y fui bautizada en el Espíritu Santo en una reunión de oración un miércoles por la noche. No sé cómo utilizar los dones. Esta mañana, solo estaba haciendo lo mejor que podía.

Entonces Scott le respondió:

—¡Eso es fantástico! Le explicaré algo que podría ayudarla. Usted hizo lo correcto en ese momento al expresar el don, cuando pregunté si alguien tenía algo del Señor. Pero me parece que usted estaba teniendo un instante de oración privada con el Señor... delante de todos. Creo que eso es lo que estaba haciendo, ¿no?

Ella dijo:

—Sí, por supuesto que era eso. Lo siento mucho.

Scott le aseguró:

—Eso está perfectamente bien, porque esta es la manera en que aprendemos. En realidad no hubo ningún daño en absoluto. Usted estaba clamando al Señor, y Él prometió liberarla. ¡Eso es maravilloso!

La dama escuchó por un segundo y luego sonrió:

—¡Gracias por ayudarme a aprender cómo utilizar mi don!

Todos los elementos de la estrategia: el Núcleo, la Búsqueda de la Libertad, las doce semanas de enseñanza y discipulado, y la Escuela de Ministerio enseñan y capacitan a las personas a usar sus dones en todos los ámbitos: en privado, en la iglesia y en público. Estas reuniones, eventos, orientación y grupos proporcionan un lugar seguro, una especie de «laboratorio de dones» para que la gente experimente, pruebe, falle y aprenda. Las *Reglas del compromiso* ofrecen una dirección clara a todo el mundo acerca de cómo los dones deben expresarse en el ámbito público.

Pastores, es su papel guiar a sus iglesias en la expresión de los dones. Es su papel modelar y capacitar a las personas, y es su papel liderar el culto público. Por ejemplo, cuando usted siente que Dios quiere hablar proféticamente en un servicio de adoración, pare y diga a la congregación: «Ahora, hermanos, vamos a aquietarnos porque tengo la sensación de que Dios quiere decirnos algo. Tres cosas pueden suceder: puede haber una palabra profética, puede haber un don de lenguas y una interpretación, o puede simplemente reinar el silencio por un tiempo y dejar que el Señor hable a cada uno individualmente».

Si alguien da una palabra de profecía, el pastor puede repetirla, confirmarla e invitar a las personas a responder con fe a la palabra. Si parte de la palabra parece estar fuera de contexto, el pastor debe repetir y confirmar solo la parte que provenga de Dios. No es el momento adecuado para corregir a la persona o comentar la porción que pueda haber sido de la carne.

Si Dios da una palabra en lenguas y una interpretación, eso es un llamado divino al altar para los no creyentes que estén en el lugar. El pastor puede explicar a la congregación: «De acuerdo a 1 Corintios 14:22, lo que acabamos de escuchar es una señal para los incrédulos». Para hacer frente a sus posibles temores y confusión, el pastor pudiera preguntar: «¿Para cuántos de ustedes esta es la primera vez que han escuchado algo así?» Tal vez algunas personas levanten la mano.

Entonces el pastor puede preguntar: «¿Cuántos de ustedes han venido hoy a verificar en qué consiste la fe cristiana y a ver si es algo que desean seguir?» Y la mayoría de las mismas personas levantarían las manos.

El pastor pudiera explicar entonces: «La Biblia dice que lo que acabamos de escuchar es una señal de Dios para quienes levantaron sus manos, para aquellos que no están familiarizados y aún no son creyentes. Permítanme una vez más hacer hincapié en la interpretación». Entonces el pastor puede repetir las palabras exactas o explicar el evangelio utilizando una terminología más sencilla.

El pastor, por supuesto, no quiere perderse este momento sagrado: «Si usted siente que Dios acaba de hablar con usted, quiero que venga acá al altar en este momento. No importa si este es el "momento adecuado" en el culto. Dios le mostró que Él le ama tanto que está cambiando nuestro culto solo por usted». El pastor invita a las personas a pasar al frente y ora por ellas, mientras que ellas entregan su corazón a Cristo.

¿QUÉ HACER CUANDO...?

Incluso con la mejor planificación y preparación, en unas pocas ocasiones, las rarezas pueden suceder. Permítanme describir algunos eventos y ofrecer algunas sugerencias según el caso.

Una persona que da una palabra profética en un tono áspero.

Este mensaje mixto confunde a la gente, especialmente a aquellos que son nuevos en la fe y los dones. Si el mensaje está bien y es correcto, confírmelo, y asegúreles a las personas que el mensaje de Dios es de esperanza, amor y bondad. Hable con la persona en privado después del culto y pregúntele qué está pasando en su vida. Muy a menudo, el estrés o una ira interiorizada se han derramado de un modo y en un momento inadecuado. Una conversación amorosa con algunas preguntas moderadas de sondeo puede descubrir heridas y temores enterrados por mucho tiempo, que ahora se pueden abordar con verdad y gracia.

Si usted siente que Dios en verdad le ha dado a alguien una palabra profética de juicio, entonces la misma siempre será expresada con lágrimas de dolor, haciendo una invitación gentil al arrepentimiento y no de una forma dura y condenatoria.

Una persona que habla como la Biblia Reina–Valera.

Algunos todavía creen que el apóstol Pablo llevaba una Biblia Reina–Valera; les encanta la cadencia y la redacción, pero no se dan cuenta de que las personas a su alrededor viven en el mundo moderno. Su corazón, por lo general, está bien, sin embargo, carecen de percepción acerca de la forma en que deben «llegar a las personas». Un pastor puede conversar con ellas después del culto para afirmar sus corazones y mensaje. Luego les puede decir: «Muchas gracias por compartir con nuestra congregación. ¿Sabe?, me parece que ellos escucharán y entenderán mejor la palabra si ustedes hablan de una manera más familiar. Yo sé que les encanta la Biblia en su forma antigua, pero la mayoría de la gente hoy utiliza traducciones modernas. La próxima vez que Dios les dé una palabra, ¿podrían tratar de darla en un lenguaje más coloquial? Realmente les estaría muy agradecido si lo hicieran así y las personas que los escuchan recibirán la palabra mucho mejor».

Alguien profetiza o habla en lenguas demasiado tiempo.
Como Scott hizo con la mujer que hablaba demasiado tiempo en su iglesia, usted puede dirigirse a la persona y pararla suavemente. Si se trata de una palabra de profecía, resuma el mensaje e invite a la audiencia a responder. Si se trata de un mensaje en lenguas, pida una interpretación. Después del culto, busque a esta persona y dígale: «Gracias por participar en el culto expresando su don, ¡eso es fantástico!» A

> La gran mayoría de las personas se alegran al ser afirmadas e instruidas, y agradecen las instrucciones amables de un pastor.

continuación le puede explicar: «Déjeme ayudarlo a entender cómo el Señor quiere usarlo de una manera aún más eficaz».

La gran mayoría de las personas se alegran al ser afirmadas e instruidas, y agradecen las instrucciones amables de un pastor.

Una manifestación de lenguas que no es seguida inmediatamente por una interpretación.

Una manifestación de lenguas que ocurra en un lugar público siempre debe tener una interpretación. Después de que alguien haya hablado en lenguas, usted simplemente puede decir: «Y ahora tenemos que esperar por la interpretación». Si esta no viniera, entonces explique: «La interpretación está entre nosotros, así que esperemos por ella». Si usted siente que la persona simplemente tuvo una oración privada en público, usted puede decir: «Yo creo que esta manifestación de lenguas es una expresión maravillosa de alabanza. Vamos, unámonos a nuestro hermano (o hermana) para alabar a Dios». A continuación, usted puede hacer una oración de acción de gracias o entonar una canción. Después del culto, reúnase con la persona para afirmar su corazón de alabanza y explicar el uso del don de lenguas en público. Una palabra en lenguas durante la oración privada es para expresiones privadas de alabanza y petición.

Sin embargo, si usted siente que la palabra en lenguas fue genuina, pero, tras un tiempo de espera no se dio ninguna interpretación, tómese un minuto para explicar que es importante que la gente sea obediente y que debe hablar si Dios le ha dado una interpretación. Pueden sentirse incómodos hablando en público, pero Dios los usará de una manera poderosa si obedecen. En este caso, no comunique su frustración por la desobediencia de una persona. En vez de eso, ofrezca una instrucción amable y llena de gracia y seguridad. Quizás esto haga que la persona actúe correctamente para la próxima vez. Además, anime a quien dio la palabra en lenguas a que ore para que pueda interpretarla (1 Corintios 14:13).

Más de tres personas quieren hablar en lenguas en la iglesia.

Después que la tercera persona habla en lenguas en un culto de adoración y ha habido una interpretación para cada persona, otro individuo comienza a hablar. En este caso, es nuestra responsabilidad ser preventivos y mencionar la instrucción de Pablo de no tener más de tres personas hablando en lenguas (1 Corintios 14:27). Pudiéramos decir: «Tengo la sensación de que el Señor todavía quiere decirnos algo porque hemos tenido tres palabras en lenguas e interpretaciones, tal vez el Señor quiere darnos una palabra profética». Y esperar a ver si Dios, de hecho, tiene una palabra para nosotros.

El notable erudito y estudioso pentecostal, el doctor Anthony Palma, subraya las instrucciones que Pablo nos da y explica: «Estas manifestaciones carismáticas no pueden ser tan numerosas como para usurpar el lugar de la lectura y la exposición normal de las Escrituras... La limitación... es para no permitir que estos dones dominen un culto en el que también deberían observarse otros elementos de la adoración».[16]

Se da una palabra profética que no está mezclada con el espíritu y la carne, sino que es pura maldad.

Cuando Scott era un niño, un hombre se levantó en su iglesia, señaló a su padre, el pastor, y anunció con los dientes apretados:

—¡Ese hombre no es de Dios! ¡No le hagan caso! ¡Y estas personas —dijo mientras apuntaba a los ancianos— son demoníacas!

En esas ocasiones excepcionalmente raras, la reprensión pública y la corrección son absolutamente necesarias.

El papá de Scott le dijo:

—Sus palabras no son del Señor. Usted necesita sentarse y estar tranquilo.

Su padre se volvió hacia la congregación y les explicó:

—No estoy seguro de qué se trata esto, pero les aseguro que su mensaje no proviene de Dios. Ustedes pueden juzgar por sí mismos. El mensaje de Dios está lleno de fe, esperanza y amor. Ahora mismo, cantaremos y oraremos en el Espíritu, y pediremos a Dios que su gracia obre profundamente en el corazón de este hombre.

Una persona es desafiante.

Cuando Scott comenzó el «nuevo día» en *The Oaks* y compartió las Reglas del compromiso con la iglesia, una señora que asistió al culto tradicional de la mañana dijo en privado a un amigo: «¡Yo no dejaré que el pastor Scott apague el Espíritu en mí! ¡Voy a usar mi don de la manera en que me sienta guiada a hacerlo!

La semana siguiente ella asistió al primer culto de la mañana del domingo. Scott había explicado a la iglesia que

Dios nunca se interrumpe a sí mismo, por lo que Él no haría hablar a nadie mientras Él estuviera hablando. Pero esta señora estaba decidida a hacer lo que ella quería. Se levantó en medio del sermón y comenzó a hablar en lenguas en voz alta, y habló, y habló sin parar. Scott no habló más, lo que hizo fue sentarse junto a ella por un largo rato hasta que finalmente terminó. Luego se puso de pie y dijo:

—Y ahora esperaremos por la interpretación.

Y esperaron, pero la interpretación no llegó. Esperaron... y esperaron aún más. Después de cinco largos minutos, la mujer comenzó a ponerse muy nerviosa. Finalmente, un hombre se puso de pie y dijo:

—El Señor está diciendo: «¿Por qué vas en contra de lo nuevo que quiero hacer en esta iglesia? ¿ Continuarás en rebelión?»

Scott se puso de pie y dijo:

—Estoy seguro de que todos ustedes saben que este mensaje no era una interpretación. Esta es una palabra profética. Dios nos llama a someternos a lo nuevo que Él está haciendo, así que vamos todos a abrir nuestro corazón a su dirección.

Luego pidió a todos allí que analizaran su corazón y que le entregaran todo al Señor. No podemos ser tercos y desafiantes a la hora de seguir a Cristo.

La mujer le escribió una nota a Scott a la semana siguiente y le dijo que había encontrado una iglesia que la dejaba usar sus dones de la manera que ella quería usarlos. Los demás miembros que asistían al culto de la mañana se alegraron de tener un pastor que sabía manejar con amor situaciones que potencialmente podrían crear distracción y desorganización.

Solo en muy raras ocasiones la corrección debe ser pública. Cuando alguien habla maldad o hay presencia de una influencia demoníaca, el pastor debe tomar control de la situación inmediatamente. En todas las demás situaciones, afirmamos públicamente lo que es bueno y luego en privado repetimos nuestra afirmación y proporcionamos instrucciones acerca de la expresión adecuada de los dones. El tono del pastor generalmente determina la respuesta de la persona. Si somos gentiles y amables, la respuesta suele ser una humilde sumisión y gratitud. Si somos bruscos e impacientes, la persona suele responder con una actitud defensiva o es aplastada por nuestras palabras (o ambas cosas).

¿VALE LA PENA?

Algunos pastores no quieren tomarse el tiempo ni la molestia de involucrarse con la gente para comunicarles afirmación, enseñanza y corrección. Ya se sienten estresados por todas las exigencias de su tarea, así que la adición de un papel de pastoreo respecto a los dones espirituales les parece demasiado trabajo.

> Enseñar a la gente a manifestar los dones es parte de nuestro privilegio y responsabilidad dados por Dios, siendo nosotros sus pastores auxiliares, y francamente, es una de las partes más satisfactorias y emocionantes del trabajo.

Por lo tanto, renuncian a esta responsabilidad que les ha sido dada por Dios, negándose a permitir el uso de los dones o dejar que las cosas se salgan de control. Ninguno de estos enfoques sirve para los propósitos de Dios.

Si los pastores no supervisan esta parte del ministerio, la dama que ora en lenguas demasiado tiempo lo hará la próxima semana y la siguiente, y el hombre que da pronunciamientos ásperos continuará con su espíritu de juicio. Finalmente, los miembros de la junta directiva, exasperados, le dirán al pastor: «¿Por qué permite que estas personas arruinen nuestra iglesia?» Debido a la presión, el pastor tomará la decisión de acabar con todo drásticamente. Parar todo es más fácil para él, claro que sí, y entonces no tendrá que pastorear, enseñar, capacitar y corregir amorosamente a la gente.

El no proporcionar la instrucción debida no es la respuesta. Enseñar a la gente a manifestar los dones es parte de nuestro privilegio y responsabilidad dados por Dios, siendo nosotros sus pastores auxiliares, y francamente, es una de las partes más satisfactorias y emocionantes del trabajo.

¡Pastores! No descuiden los dones, y no tengan miedo de lo que pasará cuando ustedes inviten a su pueblo para ejercerlos. No se limiten a dejar la puerta abierta para ver qué pasa después. Lleven a su congregación a través del laboratorio de la enseñanza, la capacitación, el modelado y la experimentación para mostrarles cómo expresar los dones. Luego, cuando lo hagan, continúen pastoreándoles con gracia y verdad.

Hay una curva de aprendizaje en todo esto, al igual que la hay para todos los demás aspectos del ministerio. Leer, aprender, hablar con los amigos, encontrar un mentor, dar pasos de fe, hacer correcciones y aprender más a cada paso del camino.

Pastor, Dios tiene cosas maravillosas que decir *a* su pueblo y *a través* de su pueblo en la medida que usted los conduzca a ejercer los dones. No se pierda lo que el Espíritu quiere hacer en su iglesia.

PIENSE AL RESPECTO...

1. ¿Cómo identificaría y describiría usted los beneficios de guiar a las personas de su iglesia en el fluir de los dones?

2. ¿De qué manera las Reglas del compromiso le dan confianza para dirigir a su congregación en la expresión de los dones?

3. ¿Cuáles son sus esperanzas y temores al pensar en el potencial y en el precio de que las personas en su iglesia usen los dones? ¿Cómo definiría su papel en el pastoreo de su congregación en esta área?

SECCIÓN 5
¿AHORA QUÉ?
(AMBAS VOCES)

CAPÍTULO 15

¿A QUIÉN SERVIRÁ USTED?

JOHN . . .

Josué fue uno de los líderes más grandes que el mundo haya conocido. La mayoría de las personas que siguen a líderes talentosos nunca se salen de las extensas sombras de sus predecesores. Nadie recuerda quién siguió al entrenador Bear Bryant en Alabama o a Woody Hayes en el estado de Ohio. Probablemente nadie pensó que el sucesor de Moisés sería recordado, pero Josué demostró ser un comandante brillante y un administrador talentoso.

No esperaríamos que un pueblo que había vagado por el desierto toda su vida pudiera llegar a ser soldados valientes y eficaces, sin embargo, Josué lo lideró en la conquista de la Tierra Prometida. Él distribuyó la tierra y marcó los límites, y no solo esto, pues su papel no había terminado. Renovó el pacto que Dios hizo con Abraham, Isaac y Jacob, y les dio un encargo a todas las personas diciéndoles:

«Por lo tanto, ahora ustedes entréguense al Señor y sírvanle fielmente. Desháganse de los dioses que sus antepasados adoraron al otro lado del río Éufrates y en Egipto, y sirvan solo al Señor. Pero si a ustedes les parece mal servir al Señor, elijan ustedes mismos a quiénes van a servir: a los dioses que sirvieron sus antepasados al otro lado del río Éufrates, o a los dioses de los amorreos, en cuya tierra ustedes ahora habitan. Por mi parte, mi familia y yo serviremos al Señor» (Josué 24:14–15).

Siglos más tarde, Pablo tenía la misma preocupación por el pueblo del Señor. Sabía que podían ser fácilmente engañados por la tentación del éxito, el placer y la aprobación… o cualquier otra cosa que pareciera más atractiva que la gracia de Dios. En términos muy personales y apasionados, escribió a los cristianos de Corinto:

«El celo que siento por ustedes proviene de Dios, pues los tengo prometidos a un solo esposo, que es Cristo, para presentárselos como una virgen pura. Pero me temo que, así como la serpiente con su astucia engañó a Eva, los pensamientos de ustedes se han desviado de un compromiso puro y sincero con Cristo» (2 Corintios 11:2–3).

Como pastores y líderes, podríamos pensar que esta advertencia es solo para que nosotros se la trasmitamos a nuestras congregaciones, en nuestras iglesias, pero es igualmente para nosotros mismos. Podemos servir a otros dioses, y nuestro corazón se puede ir tras los deseos que nos alejan de Dios. El tamaño de la iglesia, el aplauso de la gente, o una buena reputación en la denominación son todos detalles que pueden empezar a significar más para nosotros que el amor y la aprobación del Padre. Nuestro papel como pastores no tiene que ver con los dones, o el poder, o las estrategias; se trata de elegir a Dios como nuestro supremo deleite. Si Josué o Pablo estuvieran en la iglesia con nosotros hoy, creo que nos mirarían fijamente a los ojos y nos harían preguntas difíciles sobre lo que hay realmente en nuestro corazón. Es fácil decir que servimos a Dios. Después de todo, estamos en el ministerio, y trabajamos duro en todos los servicios y programas.

Pero las cosas externas no siempre muestran las internas. Es bien fácil irse a la deriva y deslizarse de la pasión a la complacencia, del amor ardiente a un servicio negligente, o de deleitarse en Dios a temer la desaprobación de la gente. Cuando esto sucede, perdemos nuestra posición de vanguardia. Maravillarse, reír, llorar, admirar agradecidos la infinita gracia de Dios es algo esencial. En su libro *Peligrosa maravilla*, Mike Yaconelli comentó: «El mayor enemigo del cristianismo pueden ser las

> Si usted elige seguir a Dios con todas sus fuerzas, entonces experimentará mucha más adversidad que si decidiera seguirlo de una manera más segura, pero se deleitará con más poder y amor del que usted jamás soñó.

personas que dicen que creen en Jesús, pero que ya no se asombran ni se sorprenden con las cosas de Dios».[17]

Si usted elige seguir a Dios con todas sus fuerzas, entonces experimentará mucha más adversidad que si decidiera seguirlo de una manera más segura, pero se deleitará con más poder y amor del que usted jamás soñó. El Señor no lo decepcionará y nunca más volverá a ser el mismo. Cuando operamos en los dones del Espíritu, cuando limpiamos la plataforma en nuestro liderazgo y le damos vuelta a la página para comenzar un nuevo día en nuestra vida y ministerios, ya no vemos el mundo como algo monocromático, o en blanco y negro, sino que empezamos a verlo a todo color. La vieja manera de llevar la vida y el ministerio ya no funciona porque sabemos demasiado como para volver atrás. Hemos probado algo mucho más dulce, y lo que no esté a ese nivel no nos satisfará. La pasión que nos consume se ha convertido en la gloria de Dios, el honor de Dios, la sonrisa de Dios, el rostro de Dios. Otra cosa no funcionará.

Paradójicamente, nos haremos más conscientes del pecado en nuestra vida, porque estaremos más en sintonía con el Espíritu y seremos capaces de ser más honestos, porque sabremos que estamos seguros en el amor de Dios. La tentación siempre estará ahí, pero nos daremos cuenta de que tenemos más autoridad para controlar nuestros pensamientos, nuestros deseos y discernir las maquinaciones del enemigo. Cuando pequemos, reaccionaremos mucho más rápido en confesar, con verdadero pesar, que hemos herido el corazón de Dios, y nos arrepentiremos con regocijo y no con vergüenza.

SCOTT . . .

Varias semanas después de que Dios me dio el mensaje de «despejar la plataforma» y de anunciar «un nuevo día» para nuestra iglesia, John vino a hablar en *The Oaks* para hacer un reto a la congregación, y en especial a mi familia y a mí, para que le sirviéramos solo a Él. Fue un mensaje poderoso del libro de Josué. Nos trajo a Jenni, Dillon, Hunter, Dakota, y a mí a la plataforma para preguntarnos individualmente si estábamos dispuestos a servir a Dios de la manera más suprema. Me gustó mucho la manera en que manejó todo el asunto porque no usó ni una pizca de culpa o de manipulación. De hecho, se volvió hacia nuestra congregación y les dijo: «¿Si una o más personas de la familia de Scott dijera: "No, yo no quiero servir al Señor"; así y todo ¿seguirían amándolos y animándolos?» Las personas aplaudieron y gritaron «¡Sí!», y nosotros sentimos que ellos realmente nos amaban.

John nos preguntó acerca de nuestro compromiso de poner a Jesús primero y por encima de todo lo demás. Luego se volvió hacia Dillon y le pidió que compartiera lo que Dios estaba haciendo en su vida. De manera totalmente espontánea, él tomó el micrófono y dijo:

Hace tres años yo asistía a la universidad y me pasaba nueve horas fuera de casa. Mis padres no estaban allí, así que tenía la opción de hacer lo que quisiera porque nunca nadie lo iba a saber. Nadie sabía que yo era el hijo de un pastor, a no ser que yo se los dijera. Estar allí me daba la libertad de vivir la vida que realmente no era capaz de vivir aquí, porque acá todo el mundo sabía que yo era el hijo del Pastor Scott Wilson.

Hice malas decisiones, y he cometido algunos errores, de los que no estoy orgulloso, de hecho me avergonzaría que ustedes los supieran. Pero Dios los usó para convertirme en la persona que soy hoy. Creo que permanecí fuera de casa por una razón. Necesitaba encontrar a Dios por mí mismo, y tenía que averiguar quién era yo y lo que iba a ser porque no iba a vivir bajo la sombra de mi papá y mi mamá para siempre. Tres años viviendo la vida que la gente sueña vivir. Mucha gente diría que esa es la vida perfecta. Sin embargo, ¿saben qué? Me resultaba realmente vacía y sin valor. Uno siempre busca más y más, pero nunca llega a estar realmente satisfecho.

Ayer, mientras desayunaba con el Pastor John, él me dijo: —Dillon, es el momento de tomar una decisión definitiva. Traza una línea en la arena y decide si la cruzarás y vivirás para Dios, o si te quedarás detrás y vivirás una vida mediocre.

Debo admitir que he estado pensando y orando por este desafío del Pastor John durante las últimas veinticuatro horas, y esta mañana estoy aquí para declararles que viviré para el Señor, y que mi futura familia, cuando eso suceda, vivirá para el Señor también.

Yo sé que ustedes no tienen veinticuatro horas para pensar y para orar al respecto como lo hice yo. Pero estos próximos minutos, serán el momento para que tracen esa línea en la arena y decidan si cruzarla o no; es el momento de ser sinceros con Dios. Hay una gran cantidad de familias aquí y no me parece que esta opción sea solo algo individual, creo que es un asunto de familia. Es una gran decisión a tomar, y como dijo el Pastor John, no hay vuelta atrás cuando se decidan a hacerlo.

Yo no tenía intenciones de hablar esta mañana, mas el hecho de deshacerme de este peso que llevaba sobre mis hombros me está dando la libertad y la capacidad de hablar la verdad ahora mismo, y es la mejor sensación que he tenido en toda mi vida. No hay nada mejor que ser franco. Así que ahora mismo yo siento que el Señor nos está diciendo que como familia, podemos unirnos y declarar todos juntos a quién serviremos.

Quizás algunas personas en su familia no tengan la misma comprensión que usted acerca de lo que significa seguir a Cristo, pero cada individuo puede responder a la invitación a poner a Dios en primer lugar. No hay nada más poderoso que esto. Como familia, decidan ahora a quién servirán. Les aseguro que se sentirán auténticos y experimentarán la gracia de Dios en su vida.

Mientras Dillon estaba hablando yo caí de rodillas y derramé lágrimas de gozo. Las personas en la iglesia fueron casi tan tocadas en el espíritu como yo, porque todos estaban gritando, aclamando y dándole alabanzas al Señor. Me sentía muy feliz. Creo que Dillon pensó que yo estaba perdiendo la cabeza, así que se acercó a mí y me dijo:

—Papá, no te preocupes, todo estará bien.

Lo miré y le dije:

—Sí, hijo mío, yo lo sé, ya todo está bien.

Nehemías, el hijo de John, era nuestro líder de adoración de aquella mañana y mientras ocurría todo esto, él cantaba la canción de Bonnie Raitt, «No puedo hacer que me ames». Ese era exactamente el mensaje que John estaba predicando. Dios no puede hacer que lo amemos, sino que Él amablemente nos invita a ir a Él y a que respondamos a su amor. Si nosotros decidimos alejarnos esa es nuestra libre elección y Dios no nos detiene. Dillon y otros cientos de personas eligieron aquella mañana amar a Dios, caminar con Él, y servirle con todas sus fuerzas.

Ahora retrocedamos y miremos los hechos ocurridos con anterioridad a ese increíble domingo por la mañana. Mucho antes de que ocurriera este poderoso culto, Dios amorosamente había estado guiando a los ancianos de *The Oaks* y también a mí a través de un proceso sobrenatural de rendición y sumisión. No creo que este importantísimo culto pudiera haber ocurrido si no hubiéramos sido obedientes a lo que Dios nos estaba diciendo que hiciéramos. Semanas antes, un hombre de la iglesia de John llamado Jason tuvo una visión mientras pasaba por nuestra iglesia en su camino al trabajo. En la visión, yo estaba de pie en el tejado de la iglesia con mis manos extendidas y en una postura que expresaba algo así como: «¡Yo soy el que manda aquí!» Luego yo bajaba mis manos y adoptaba una posición que expresaba algo así como: «No, no puedo hacer esto». El Señor habló a Jason y le dijo: «Yo tengo ángeles guerreros y los enviaré a cuidar la congregación de *The Oaks* si Scott se rinde a mí y me permite hacerlo».

Jason le contó la visión a John y también acerca de la palabra del Señor para mí. John se puso en contacto conmigo y me preguntó si quería ir al techo de la iglesia para recrear la visión. Le dije «Claro que sí, no hay problema». Nos encontramos en la iglesia y subimos la escalera para llegar al techo y allí levanté mis manos hacia arriba y luego las volví a bajar. Después oré y dije:

—Señor, yo no puedo guiar este lugar y llevar a tu pueblo hacia el sitio al que tú deseas que ellos vayan. Tú tienes que guiarnos.

Luego de orar, miré en la dirección de la escuela preuniversitaria *Red Oak*, mis ojos recorrieron el Ayuntamiento de *Red Oak*, y miré hacia el nuevo hospital más arriba en Waxahachie, a varias millas de distancia. Nunca antes había estado en el techo del templo, así que nunca había mirado la ciudad desde esa perspectiva.

John me preguntó:

—¿Qué sientes cuando miras todo esto?

Yo le respondí:

—Me siento impotente…

Oré:

—Dios, no puedo enfrentar todas las drogas, el alcohol, problemas familiares, políticos y de salud que hay en este condado. ¡Te necesitamos! —luego le dije al Señor—: Señor, yo invito a los ángeles guerreros a que vengan y tomen su legítimo lugar, y por mi parte, voluntariamente, yo renuncio y tomo el lugar que me pertenece como «Seguidor delantero» de *The Oaks*.

Al día siguiente, Jason llamó a John para darle un informe:

—Pasé por *The Oaks* hoy, y Dios me mostró una visión

del Pastor Scott bajando por la escalera que está a un lado del edificio. Te estoy dando la última noticia ¿sabes?»

Dos semanas después, yo estaba en mi oficina en un tiempo de oración preparándome para una reunión en la mañana, y Dios me dijo que me acostara en el suelo como un muerto; sabía que este acto de obediencia era un símbolo de morir a mí mismo. Me tiré en el piso y oré:

—Señor, yo muero a mí mismo y a todo lo que yo deseo. *The Oaks* te pertenece, Señor. Y yo te pertenezco.

Al siguiente día, Jason tuvo otra visión mientras iba manejando frente a la iglesia. Llamó a John y le dijo:

—No estoy seguro de lo que significa esto, pero el pastor Scott se ha quedado tendido en el suelo al lado de la iglesia y está mirando hacia arriba, como si estuviera muerto. Me parece que eso es bueno. De todos modos, eso es lo que vi.

Unas semanas más tarde, Jason tuvo un sueño mientras dormía y en éste me vio acostado en la plataforma dentro de la iglesia, y todas las paredes del Centro de Adoración desaparecieron. Solo quedaron los cimientos del templo. En su sueño, todas las personas en la iglesia me vieron tendido en el suelo sin ningún edificio a mi alrededor. Ellos siguieron mi ejemplo y todos se acostaron de espaldas. Entonces millares de ángeles rodearon el Centro de Adoración y ocuparon el lugar en el que habían estado anteriormente las paredes del templo. Los ángeles estaban de pie a nuestro alrededor.

El siguiente domingo por la mañana, mientras John y yo estábamos orando en mi oficina antes del culto de las 8:30 a.m., otro hombre de su iglesia le envió un mensaje: «Acabo de ver una visión de miles de ángeles alrededor del santuario en la iglesia de *The Oaks*».

Durante el día, una señora de nuestra congregación me escribió una nota para decirme que había tenido una visión de innumerables ángeles en el culto de adoración. Cuando terminó el culto, los ángeles se fueron con las personas para sus casas. ¡Ellos están con nosotros donde quiera que vayamos!

¡Qué tremenda confirmación de lo que Dios estaba haciendo en mí y en nuestra iglesia!

No creo que este mensaje de la presencia y el poder de Dios, y de nuestra humildad y sumisión, sea únicamente para mí; yo creo que se aplica a todos nosotros. Dios le está llamando a bajarse espiritualmente del techo de su iglesia y de su casa y a rendir su vida y su familia ante Él. Entonces Él vendrá sobre su casa, y los ángeles conformarán las paredes de su vida, y el Señor hará cosas milagrosas en usted, si usted completa y humildemente rinde su vida a Él.

Usted, líder, tiene una decisión que tomar. ¿A quién servirá? Asegúrese de que usted sirve al único digno de su amor y lealtad. ¿Qué hará? ¿Construirá la Iglesia de Cristo sobre la base de su propia sabiduría y sus mejores esfuerzos, o invitará al Espíritu de Dios para que obre con poder en usted y a través de usted? ¿Está dispuesto a deshacerse de todos sus apoyos?

> ¿Construirá la Iglesia de Cristo sobre la base de su propia sabiduría y sus mejores esfuerzos, o invitará al Espíritu de Dios para que obre con poder en usted y a través de usted?

Dios no necesita su consejo y ayuda para hacer lo que Él quiere hacer. Pero en su gracia, Él le invita a ser su socio, un socio menor, pero así y todo un socio, si usted está dispuesto a decir solo lo que Dios le comunica y hacer solo lo que Dios le manda a hacer. Es hora de tirarse en el suelo, para morir a uno mismo y pedir a Dios que haga lo que únicamente Él puede hacer. Esta es la forma en que el Gran Mandamiento y la Gran Comisión se cumplen.

Nuestra oración por usted es la que Pablo oró por los creyentes en Éfeso. Dejemos que esta sea nuestra bendición, nuestra esperanza y nuestro reto:

«Por eso yo, por mi parte, desde que me enteré de la fe que tienen en el Señor Jesús y del amor que demuestran por todos los santos, no he dejado de dar gracias por ustedes al recordarlos en mis oraciones. Pido que el Dios de nuestro Señor Jesucristo, el Padre glorioso, les dé el Espíritu de sabiduría y de revelación, para que lo conozcan mejor. Pido también que les sean iluminados los ojos del corazón para que sepan a qué esperanza él los ha llamado, cuál es la riqueza de su gloriosa herencia entre los santos, y cuán incomparable es la grandeza de su poder a favor de los que creemos. Ese poder es la fuerza grandiosa y eficaz que Dios ejerció en Cristo cuando lo resucitó de entre los muertos y lo sentó a su derecha en las regiones celestiales...» (Efesios 1:15–20)

PIENSE AL RESPECTO...

1. ¿Cuáles son esos «dioses falsos» que les parecen tan atractivos a las personas en nuestra cultura? ¿Cuáles son los que les parecen especialmente atractivos a los pastores y otros líderes espirituales?

2. Si usted hubiera estado escuchando a Josué o leyendo la carta de Pablo a los corintios, ¿cómo habría respondido al reto de conocer, amar y servir a Dios por encima de todo lo demás? ¿Cómo está respondiendo hoy?

3. Mientras medita, ora y aplica los principios de este libro, ¿cuál le parece que es el siguiente paso que debería dar?

NOTAS FINALES

1   Donald Gee, Toward Pentecostal Unity [Hacia la unidad pentecostal] (Springfield, Missouri: Gospel Publishing House, 1961), 18.

2   Tim Keller, Practical Grace [La gracia funcional] series de sermones, www.gospelinlife.com/

3   J. I. Packer, El conocimiento del Dios Santo (Downers Grove, Illinois: InterVarsity Press, 1973), 196.

4   M. Paul Brooks, Pentecostal Gifts & Ministries in a Postmodern Era [Los dones y ministerios pentecostales en una era posmoderna] (Springfield, MO: Gospel Publishing House, 2003), 89.

5   Propuesta de traducción al español del himno "And Can It Be That I Should Gain" de Charles Wesley, 1738.

6   Esta información se puede descargar en http:// theoaksonline.org/wp-content/uploads/2014/03/ Spiritual-Gifts-Service-Etiquette.pdf.

7   C. S. Lewis, La travesía del viajero del alba (New York: Harper Collins, 1952), 115–116.

8   Jack Hayford, Worship His Majesty [Adora su majestad] (Ventura, CA: Regal, 2000), 60.

9   Christopher J. H. Wright, Knowing the Holy Spirit
    Through the Old Testament [Conociendo al Espíritu
    Santo a través del Antiguo Testamento] (Downers
    Grove, IL: InterVarsity Press, 2006), 63.

10 Watchman Nee, Spiritual Authority [Autoridad espi-
    ritual], (N. Chesterfield, VA: Christian Fellowship
    Publishers, Inc., 1972), 86.

11 Ibid., 50.

12 Charles Wesley, "O for a Thousand Tongues to Sing"
    [O, que miles de lenguas canten], 1739.

13 Wright, op. cit., 116–117.

14 Brooks, op. cit., 92.

15 Jack Deere, Surprised by the Voice of God
    [Sorprendido por la voz de Dios] (Grand Rapids:
    Zondervan, 1998), 239.

16 Anthony D. Palma, The Holy Spirit: A Pentecostal
    Perspective [El Espíritu Santo: una perspectiva pente-
    costal] (Springfield, MO: Gospel Publishing House,
    2001), 247.

17 Mike Yaconelli, Peligrosa maravilla (Colorado Springs:
    Navpress, 1998), 24–25.

AGRADECIMIENTOS

Varias personas nos han inspirado y ayudado a formar los conceptos en este libro, y estamos muy agradecidos. Nuestra gratitud es para...

Los doctores George Wood y Jim Bradford por su contribución y apoyo para este proyecto. Los amamos y respetamos mucho.

Sol y Wini Arledge, así como Steve y Susan Blount por habernos pedido que escribamos este libro y por guiarnos en cada paso del camino.

Chris Railey, Heath Adamson, y Justin Lathrop por intercambiar sus ideas con nosotros y por ser nuestros sabios consejeros.

El Doctor Paul Brooks por las horas que invirtió en este libro. Apreciamos su experiencia y sabiduría. También agradecemos sus oraciones y su apoyo constante a medida que vivimos basándonos en este libro en tiempo real. Usted es una inspiración.

Pat Springle por ser nuestro amigo y ayudarnos a moldear el contenido. Usted es un regalo increíble para la iglesia y para nosotros dos. Experimentamos una sinergia impresionante el momento que entró a la habitación con nosotros, y trabajó a nuestro lado para amoldar cada palabra. Sin usted, quizás este libro jamás habría visto la luz del día. Estamos agradecidos por siempre.

Los maravillosos, amorosos y fieles miembros del personal y ancianos de nuestras iglesias, *The Oaks Fellowship* y *Freedom Fellowship International*. Estamos muy agradecidos por su amor, oraciones y apoyo.

Gracias a Dios por darnos amigos amados que nos afinan y jamás nos abandonan.

ACERCA DE LOS AUTORES

SCOTT WILSON

Scott Wilson ha sido pastor a tiempo completo por más de veinte años. Él es el pastor principal de *The Oaks Fellowship*, una iglesia ubicada en Dallas (Texas), la cual sirve a aproximadamente a tres mil personas cada semana.

Scott es autor de varios libros, entre ellos *Ready, Set, Grow* [En sus marcas, listos, ¡a crecer!], *Act Normal* [Actúa normal], *The Next Level* [El siguiente nivel], y *Steering Through Chaos* [Orientación en medio del caos].

Scott y su esposa, Jenni, tienen tres hijos: Dillon, Hunter, y Dakota. La familia Wilson viven en el área de Dallas.

JOHN BATES

John Bates se ha dedicado al ministerio a tiempo completo desde 1986. En el año 2003 él aceptó su posición como pastor principal de la iglesia *Freedom Fellowship International* en Waxahachie (Texas). La iglesia es profética por naturaleza, abundante en recursos, libre en la adoración, grande en propósito y sometida al liderazgo del Espíritu Santo.

Esta iglesia tiene un amor profundo para llevar la verdad a las naciones. Es así que John ha ministrado en cruzadas y seminarios de liderazgo pastoral en Latinoamérica, el Caribe, África, Asia y por toda Europa.

Debido a su enfoque en liderazgo, John creó *Búsqueda de libertad*, un evento que consiste de un encuentro con Dios *Carpe Diem* (aprovechar el día). Este encuentro dura dos días y está seguido por un período de orientación de doce semanas. El resultado son hombres y mujeres que aprenden a experimentar la libertad en Cristo y cómo caminar en dicha libertad con éxito.

Bajo el liderazgo de John, *Freedom Fellowship International* es ahora conocida como una iglesia de oración, y envía equipos por todo el mundo para organizar y dirigir eventos de oración profética. La oración es el factor que dirige la vida y el ministerio de John.

John y su esposa, Shelli, viven en Dallas y son los padres de Nehemías y Eden, y de su mascota, Cookie.

PARA MAYOR INFORMACIÓN

acerca de estos y otros recursos, visite
www.influenceresources.com